日本·禅

禅百题

[日] 铃木大拙 著

欧阳晓 译

浙江大学出版社
ZHEJIANG UNIVERSITY PRESS

目　录

序　言 / 1

禅与日常生活 / 3

体力劳动生活与思想 / 5

机械文化与禅 / 9

大地与禅 / 11

坐　禅 / 13

身 与 心 / 15

"喂"和"是" / 17

百骸和一物 / 19

禅问答的直接 / 23

行 与 学 / 26

四大（身）与佛性（心）/ 28

无知之知 / 31

知与用——狮子弄得 / 33

猕猴从窗伸出手 / 37

扫院子的主人公 / 40

叉手而立 / 43

禅经验与语言文字 / 46

道即不会的 / 49

道得即道不得 / 52

问故迷 / 55

道在目前 / 57

拟向即乖 / 61

观音行 / 64

禅的超绝性与汉文学 / 69

化龙的杖子 / 76

《槐安国语》/ 80

"这 个" / 83

相即相入 / 85

体 与 用 / 89

剑挥长空 / 91

动 与 禅 / 93

移动的东山 / 95

禅与宋儒 / 97

禅与坐禅 / 100

禅与犬死 / 102

禅与思想 / 104

赤 裸 裸 / 107

一 与 多 / 112

禅的修行 / 118

入禅之门 / 120

台山之路 / 125

无 功 德 / 132

无事是贵人 / 134

不可思议 / 136

毕 竟 净 / 140

布 施 却 / 142

了了自知 / 144

只么看 / 146

无圆周的圆 / 148

思维无法分别的东西 / 150

毕 竟 在 / 155

只 么 行 / 159

禅意识的三个方面 / 164

百丑千拙（看经礼佛）/ 166

有呼必应 / 173

禅的直觉性 / 181

独 露 身 / 186

谜 / 188

专门词汇 / 193

行取和道取 / 197

不 言 说 / 199

看经与思想 / 204

婆 子 禅 / 211

禅的数学 / 217

密 参 账 / 219

牺 牲 / 221

观念与现实 / 224

禅 问 答 / 227

平 常 底 / 233

徒劳无功 / 241

无盖的太平洋 / 243

禅 与 人 / 245

禅 即 知 / 248

禅·分别·矛盾·悟 / 253

不知不会 / 273

本分之事 / 277

无绳自缚 / 279

从何处来往何处去？ / 282

生与不生 / 285

禅与思想 / 291

孤峰不白 / 297

指示本源 / 299

意识与行为 / 303

解　说（辻　双明）/ 308

序　言

偶尔想到些什么就原样写下来，有时对外发表，慢慢积累了一些文字。友人劝我，那么随便放着很乱，不如合起来做成本书。于是我把这件事交由他来做，本书就问世了。为了汇编成书，原来的内容多少有些改动，也添了新写的内容。有心给它们理清顺序，但现在时间不够宽裕。

在禅思想的潮流底处，能感觉到存在着可谓"东洋式"的东西，它支撑着我们的日常生活。以思想、哲学的方式来梳理这"感觉"，就能显现那些影响东亚民族甚至西洋各民族的东西，尤其会推动西洋的人们跳出已陷入僵局的思想圈，另创新局，我对此深信不疑。

必须先声明，本书虽然没有明确的顺序，但实际上有上述思考作基础,并非即兴创作。

"禅百题"并不指正好一百个主题,而是一些关于禅的随感随记。

也风流庵主人　大拙

禅与日常生活

禅从中国来到日本，对日本佛教来说，的确是一件幸运的事情。奈良、平安时期，佛教传到日本，在思想、艺术和普通文化上，都给我们的祖先带来极大教益。如果没有佛法，日本人的思考能力应该依然幼拙，也许依然停留在未发达的状态。镰仓时代，新兴佛法将我们的宗教意识引至新的发展方向，它教给我们什么是慈悲。如果没有禅，我们不可能在实际生活里充分体会到：日常行事就是佛法。

虽然人们已经从《法华经》学到，生活、经济、政治、产业等日常社会活动都并不违背佛法，然而在禅出现以前，日本佛教徒们并没有将佛法现实化，佛法仍未脱印度民族的气息。如果不是汉民族，禅就不会产生。庞居士有一句偈语

"神通并妙用，运水及搬柴"，禅者都实践躬行。曾有人问南泉和尚："您离世后会到哪里去？"南泉毫不犹豫地回答："我会重新投胎成门前檀家[1]的水牯牛。"他不说去"极乐世界"，不说上"天"，不说下"地狱"，只说要投胎到曾受其惠的檀家，变成他家的水牯牛（或者马什么的），埋头为他家耕田、拉车，努力报恩。必须看到，南泉的这个心愿鲜明反映了当时禅界的气氛，能看到汉民族不离脚下大地的心理，它跟印度式的追求脱俗独善的冥想主义大不一样。

---

[1] 檀家：佛教里指施主，即施与僧众衣食，或出资举行法会等的信众。（本书页末注释皆为译者注）

体力劳动生活与思想

甘地提倡手工纺织,虽然主要有抵抗近代文明机械主义的意思,其心理根源在于不愿意脱离直接的体力劳动。直接的体力劳动意味着不会远离大地,摔倒也好,爬起来也好,人类无论如何也离不开脚下的土地。汉民族何以拥有韧性、现实性、永恒性且悠然安适,实际上就因为他们时刻不忘自己安身立命于大地之上。印度是在坐禅瞑想中紧裹永恒,汉民族却是在刀耕火种之上永恒劳作。二者交织在"禅"这种精神训练里,存现在今天的日本人当中。

如果禅只是棒喝,或只管坐禅,也许就跟我们的生活彻底没关系了。幸而它始终脚踏实地,而非气球般飘摇直上。

但也不能只是紧贴大地,而不知抬头望望天空。禅包含着不可或缺的思想背景和源泉,"我这里种田博饭吃"不外乎普通农民,"汝唤什么作三界"的透彻亮点不可或缺。

其由来如下:

一个叫地藏桂琛的禅和尚在用锄头除田头杂草、种秧苗的时候,云水和尚出现了。琛和尚照常问他:

"你从何处来?"

答称:

"从南方来。"

琛和尚继而问,南方的禅法如何?

"商量[1]浩浩地。"

云水和尚答的是,问答商量正盛行。琛和尚说:

"那不错。而我这里,种田、收割,大家就有饭可吃。这样更好吧。"

云水和尚难以理解此番话,于是问道:

---

[1] 商量:师家与修行者之间的应酬问答,探究人生意义。

"那三界呢？"意即，教化须躬行，如何拯救出没于三界的世人，包括禅者自身呢？

琛和尚有思想，有洞察力，对宗教观有深刻的理解，他答道：

"这'三界'到底是什么？在哪里？"

以此对照他的农业生活，就会明白是什么在指引他的日常生活。我们日本人也是瑞穗之国[1]的居民，所以我们也不可忘记刀耕火种、栽植林木、灌溉蔬果、服田力穑[2]，也不可偷懒懈怠。同时，还须谨记保有思想。

牛头山的法融禅师是隋朝人，牛头禅的开山初祖。他虽然对般若空观深有领悟，但学"空"不证"空"，不落"但空"。他活用"空"、学"空"，此处的"学"并非学习的意思，更指劳动。当跟从他的学人越来越多，徒众乏粮，他们

---

[1] 瑞穗之国：旧时对日本国的美称。
[2] 服田力穑：指努力从事农业生产。语出《尚书·盘庚上》："若农服田力穑，乃亦有秋。"

就到山下八十里外的丹阳去募化，这距离按日本的里数[1]算应该也不是两三里的事。法融一开始就参加募化，而且亲自背米回山。书中记载的是"一石五斗"，不知道换算成日本的重量单位有多重。另外，那是不是法融一个人背的重量也不清楚。反正据说是早出晚归往返募化，每天两点定时提供给三百云水僧的粮食不曾欠缺，实在已是难能可贵。

---

[1] 中国的1里为0.5公里，日本的1里约3.9公里。

机械文化与禅

当然，不能将隋唐时代和今天的世界等同观照。在社会结构、人文发展，尤其科学、机械、经济组织的进步方面，一千年前和现代，几乎可以说是两个世界。但是，在人类的心灵、感情方面，别说跟一千年前比，就是跟两千年、三千年前比，都没什么变化。人类依然不过是贪嗔痴的结晶。因此可以说，隋唐时代和今天的昭和时代，在精神修养的方法上并没有什么不同。不，在某方面可说是重重困难的叠加。

其中最基本的困难是，现代生活越来越远离大地的倾向所体现出来的问题。换句话说说，机械文化套在现代人身上的铁锁扣得越来越紧，如何卸除铁锁，是我们正面临的重大问题。

我们无论如何也脱离不了大地，在云端飞翔的飞机，没有基地就无法起飞，坠落的话也必定落到大地上。贯通虚空的无线电信，没有大地就什么也做不了。我们从机械文化获得的恩惠，从实际生活获得的恩惠，的确难以言表。可也正因如此，脚步总是虚浮不实，我们被机械所利用并已成为机械的一部分了。

禅要对现代生活采取什么样的对策呢？我认为，禅不可能并且也没有必要去阻挡机械文化、科学研究的脚步。该来的东西会来，我们应注意的是，尽可能减少随之而来的弊害。此外积极地试着思考：禅在提升人类生活本来意义的方面，可以做出怎样的贡献？

大地与禅

农业工业化不可阻挡,手工机械化也无法压制,往后的人类生活,只能是更加远离大地。可我们又绝对脱离不了大地,该怎么办呢?

脱离不了大地,意即无法否定肉体。即便心可以置于肉体之外(那有违事实),那也必须以肉体为媒介。心并非独立的实际存在的东西,是一种概念上假定的存在。当然,从这个意义上说肉体也是一种假定的存在,但无论如何,我们必须看到,肉体作为一种"个在",与别的各种"个在"是对立的。在诸"个在"中,和"肉体的个在"关系最紧密的是大地。

在青年教育方面,有许多需要我们思考的地方。禅对成人的再教育，在形式上就是学习坐禅。可以的话，宜在静寂林间或山中，在僧堂后边结跏趺坐，静度时光，比较有效果。坐禅就是与大地接触，坐禅是最为稳定的"坐"法。悬着两条腿坐在椅子上，或双脚着地站立，都无法获得坐禅所具有的稳定性和宽静性。而这稳定性和宽静性可不是大地的主要特征吗？

双手握锄耕耘大地，是在物质上、行动上开始与大地打交道。而以坐禅方式体会安宁静澄的心境，则是与大地达成精神上的内在的相会。机械和科学刺激着我们的知性和行动倾向，使我们失去心灵的静寂，而修习坐禅对我们孜孜以求的心灵静寂的回归有极大意义。

坐 禅

坐禅，是治疗现代病的一种形式上的方法。但真正的治疗法必须出自内心，不完成内心生活的宗教化，现代人的病症就无法痊愈。现代人脱离大地，终究在于他们的内心生活虚浮，一切都流于表面，大地的稳定、平和、静寂、宽放、弛缓等特征丧失殆尽。不找回这些东西，人类生活就不可避免地出现头热脚寒的症状。现代人几乎人人都患着这种病，其原因在于知性至上的思想。

科学发展和机械普及理当受到欢迎，但因此只崇尚知性，人类生活只追求概念上的向上，就会导致头变大、脚蹒跚、前胸贴后背。整个身体失去稳定性，内心也不可避免地崩毁。拯救的办法之一，就是坐禅。

有必要先了解坐禅的内在性。所谓坐禅是与大地建立紧密的关系，并不局限于形式。大地和肉身都只具有象征意味，其实是通过坐禅，悟出包藏在这些"个在"或"个事"里边的一个真理。因此，不可从外相来看坐禅，如道元禅师所说"坐禅乃安乐法门"，不该仅把它当结跏趺坐来鉴赏。安乐是大地的特征，人类只有在获得大地的安乐性之时，方能贯彻其宗教性，归于平静的世界。人类就仿如被抛向天空的石子，到头来非回归大地不可。

身与心

以上谈到了身体与精神、色与心的区别,以及它们是不是各自独立的"个在"。但事实上,身和心都作为一种抽象,不可能各自独立存在。只是在一般实用上为便于沟通,一直沿用过去的看法而已。这是心,那是身,把它们当作独个实体,其实是思考还不成熟的结果。我们谁都无法解开这"无始劫来[1]"的迷惑。

我们的经验事实本身并无"身"也无"心",没有主观和客观,也并无"我"与"非我"。它们都是反省的结果,都是再构成,都是分极化。一言以蔽之,只能将经验事实视

---

[1] "无始"和"无始劫"都指无法计测的漫长遥远的时间,"劫"为时间单位,不指劫难。加"劫"表达更久远的时间意涵。

为无分别的分别、分别的无分别。既然称为经验，就该经历些什么。而当我们说到"经验"其实就已经带有分别性了。我们必须探究这种分别性的出处，但出处是"无住[1]之住"、无出之出，不来不去之来去，所谓无分别的分别，又是已了然的"知"。此处的"知"并非分别性的知，而是无知之知，就是般若[2]。人类的"分别知"是一次性的，必须还原到"根本智"的无分别，通过还原，理解到分别的意义。然而，往无分别的还原并非逻辑上的先验，也不是假设，分别自身就是无分别。说到还原，就会想到过程，期间会有时间介入。但是，无分别的分别并无时间，是同时的，一念之间达成的。这也被称为"心心不异"，还表现为一即多、多即一的形式。如上文所述，可以将"一"视为大地的象征，"多"视为一个个的"身"的象征。

坐禅的终极目标，就是体会领悟上述道理。

---

[1] 佛教语。实相之异名。法无自性，无自性，故无所住着，随缘而起，故云无住。故无住者万有之本也。佛教称"无住"为万有之本。
[2] 佛教中指"大智慧"。

"喂"和"是"

身心合一、身心有别等关于身和心的本质的讨论,自古以来就是心理学的重要课题。不只在学术上,在一般的有识人士当中,这也是一个令人感兴趣的内容。最终是否解答得了,固然是个问题,禅关注的是最终的经验事实,而禅的问答也正是由此出发。

石霜庆诸师从道吾圆智,是南宋人。有僧问他:

"先师(道吾)有片灵骨是黄金色的,一敲就发出钟声,不知道(先师这个人)去了哪里?"

石霜庆诸不作任何解释,只是"喂"一声,叫了一下那个僧人的名字。僧人马上"是"地答应了一声。石霜庆诸便说:

"你不懂我说的,走开。"(你不会我语,去。)[1]

石霜庆诸说了什么呢?只是叫了那个和尚的名字,那个和尚答应了一声而已。就他的提问,以"分别知"来看也没有提及任何像样的回答。因此,"你不懂我说的,走开。"看似极其牵强。

这番问答,一般被认为是在黄檗和裴休之间发生的。"先师"的去向、"其人"的去处,本来就不是非得在空间上规定好的东西,观照"彼""此"尚无分别之前的经验事实,方能解决。因此,那些经验事实并非从他处听取的东西,听到一声"喂",即答"是",是从那一刹那的觉知里找到的东西。在此,看得见灵明之知、无知之知的动向,以"见闻觉知"识得非见闻觉知的时候,就会懂得所谓"心""身"的原本抽象。最终的经验事实并没有主客、彼此等等,但是,主客、彼此是从最终的经验事实里产生的,或有或无的。石霜想要人看到这些,如果不懂的话,就应该多多去坐禅吧。

---

[1] 参见《联灯会要卷第二十》:"僧问。先师一片灵骨,黄金色,击作钟声,未审甚么处去也。师召僧。僧应诺。师云。你不会我语,去。"

百骸和一物

天衣义怀有垂示：

"百骸俱溃散。一物镇长灵。百骸溃散皆归土。一物长灵甚处安。"

说得浅显些就是："死了以后去哪儿？"四大分离之后，如果有灵魂存在，会去哪儿呢？是谁都想要追问的吧。对这个追问，禅也有自己的解释。

后来有僧问清凉泰钦禅师：

"百骸俱溃散，一物镇长灵。未审百骸一物，相去多少。"

泰钦师说：

"百骸一物，一物百骸。"

汉文的优点和不明了性在此又得到了体现。"百骸"和

"一物"或"一灵"是什么样的关系,读解的方法可不止一二。

"百骸和一物、一物和百骸"的话,只是"此"与"彼"互调顺序列举的吧?如果只是列举,又有什么意义呢?仅说明个多就是个多?还是说,从"彼""此"可以列举这个事实,看到"彼""此"的个多(作为个多)相加或共存而又不是"彼""此"呢?

"百骸即一物,一物即百骸",这样读解的话,就合乎逻辑、意义清晰了。也可以理解成"一即多,多即一",俗称泛神论。但如果那样读解,就完全成了散文式读解,诗的深长意味缺失,并有禅意不可解之处。

"百骸化一物,一物化百骸",也可以这么读。这读法跟第二种略有相似之处,但它更带动感,在百骸和一物之间,并非空间性相即,是时间性相入。这种读解,可能多多少少会令我们想起第一种读解法,而第一种读法既没表明相即也没表明相入,个多就是个多,二者的关系似乎都交由读者理解的深浅去判断。到底哪一种对呢?

除了以上三种读解法，另有：

"百骸是一物？一物是百骸？"

或者："百骸的一物？一物的百骸？"

或者："百骸化一物之时，一物就是百骸。"

又或者："百骸有一物，一物有百骸。"

还有："百骸的一物就是一物的百骸。"

此外还有别的读法吧。仅看以上列举的，都不能说是无意义的读解，任何一种读解都有其相应的道理。到底孰是孰非？

是非问题且按下不提，既能发挥汉文的长处、妙处、幽处，同时又能汲取充盈禅意，就已经足够了。也就是说，撇下日文式训读，直接读成：

"百骸一物，一物百骸"

然后交由个人去理解，这是最好的做法吧。理解度深的人就去作深度理解，理解度浅的人就作浅层理解，这就是这种语言的特征所在吧。禅者在此也不加任何注释，像拿出根拄杖子一样做就好了。

此处回到原来的话题，旧式说法应说"身心如一，身外无余"，而现在，我想用自己的话这么说"身和心，在概念上、分类上可见二者的个在，但在经验事实上其实无须作任何区分"。

谈话中把百骸（身）和一物（心）分开说，非常方便。所以不只是俗世间，谈一些道理时也会说身怎么样心怎么样。但正因如此，就产生了一些不该产生的疑问，很多时候反而会迷惑起来。比如死了会怎样？身会腐朽，那心会去哪里？此类疑问都是脑袋最初造成的缺口，所以之后才会一个接一个地冒出重重疑云，很难放晴。

禅问答的直接

禅问答是，将一即多·多即一——无分别的分别、分别的无分别——无知之知、知之无知——以见闻觉知识得非见闻觉知——在日常语言举动中加以表现，以最直接最有效的方法，把禅经验的事实——人类经验中最根本最具体的东西表现出来。

把根本的经验事实说成"无知之知"等，虽然是反省的结果，但禅者不用这样的词，而常用更为直接的平叙法。看看下文的问答之类的就会明白。

潭州三角山的总印禅师是南岳怀让的第二代，有一次在讲堂上说：

"若论此事，眨上眉毛，早已蹉过也。"

在此，根本经验即此事，并非"这"般具体的东西。被称为这、那的话，就成"个"，而那个实在的"这"已然蹉过了。因此，总印说"眨上眉毛"，眉毛仅仅动一动，就不行了，就已经不是那个事物了。虽然此处并非意在说眉毛云云，我们人总是要拿些什么来说。作为人，尽量在实际经验上体认这种根本的矛盾，以求觉悟，这就是禅问答。要在行为觉悟上消解矛盾，所以名叫麻谷的禅者就反驳总印说：

"眨上眉毛即不问，如何是此事。"

单刀直入，直击对方深处，也就是要追求此事的脱体现成。总印说：

"蹉过也。"

至此，从语言上或理论上，已经很难对应下去了。但到此停住，又似乎意犹未尽。所以麻谷"乃掀禅床"，掀起总印和尚的座席，总印和尚立刻"打之"，给了麻谷一棒。

这并不仅仅是两人之间肉体、物理上的对战，而是在最有效地提升根本性禅经验事实之际，顾不上选择身体上的行动和口头上的表达而已。也许有些场合可以考虑用口头语言或者概念解决，而用身体的行动解决就比较直接。

行 与 学

直接的行动其实也需要口头语言的支持。仅有前者则无法表意，有了后者的背景，"掀禅床"和"打之"才有着落，禅者切不可忘记这一点。

在总印和麻谷问答商量的最后，"师打之"以后"麻谷无语"，而且长庆转述这番问答还加了句"悄然"。这些都指向了根本性禅经验的主客未分之处。"无语"也好"悄然"也好，直指的都是无分别的"当体"。无语是从旁观者角度记叙的麻谷的态度，悄然是长庆添加的直叙。此事最终由无语和悄然作结，再纠缠下去会无休无止。

不管有多少根本性禅经验，在这种情况下，已经有了反省和解释。对过着社会生活而且只按集体心理行动的人来说,"说明"是附加物。所谓说明,并非某物到某处做某种运动,而是就某事物表达些什么的过程。此处即所谓的眉毛"眨上"。此事本身已有说明,但有"眨上眉毛"之类的话,就等同屋上架屋般重复。反省、解释、说明,都是人性的、不言自存的,而另一面,又须尽量让此事顺其自然地发展,或者随此事生活下去。

因此,一方面,要在口头上区分、诠释、讨论此事;另一方面,又须采用能裸现此事的表现法,这一直是禅问答关注的重点方向。禅被认为读不懂,因为禅是从此事本身出发的,而禅者以外的人,却是通过说明、解释,以求到达此事。这里就能看到二者的不同点。我曾在别处谈过禅和读经的事,也可以照搬到这里。从读经进入禅经验,走的是说明的道路,无可避免会概念化。禅者则与之相反,禅者是努力在问答中触动并呈现体验事实。

四大（身）与佛性（心）

京兆府章敬寺的怀恽和总印一样，都是南岳第二代的法孙，一次有僧发问：

"四大五蕴身中，阿那个是本来佛性。"

色身由四大五蕴组成，要从色身中探寻本来的佛性，这是个很大的错误。佛性并非个在，只不过是概念上假设的存在。所以，要将佛性和四大五蕴构成区分开，并从中抽取出来，是世间一般人和学者都一直在犯的逻辑错误。而禅者努力要做的，就是把我们从这个过失中拯救出来。所以怀恽禅师并没对云水僧的发问做出世俗解释或批评，他叫了一声该

僧的名字,说"喂,元首座"。该僧马上回应说"是"。和尚沉默了一阵,然后说了一句话作结:

"汝无佛性。"

意即:"特地向你设了问,可你并没有所求的佛性。"

所谓真正的佛性,并不"个在"于我们各自之中。虽然我们会说,这是色身,这是佛性或心等等之类的话,但它们其实都不可能是一个一个实际存在的。我们说得好像实际存在一般,只不过因为在现实生活上这么说会方便多了,绝不可把为了实际运用的方便而假定的存在等同于实际存在。实际存在,存在于呼"喂"答"是"的觉知过程里,这种觉知或承当便是佛性,便是根本的禅经验的事实。如果在这里寻求佛性的个在,便是"错了也"。总之,觉知是必要的,否则就无所谓"有"。只要是人,就必须觉知(承当)到有便是有。没有觉知,有便非有,便是无。所以才会有"汝无佛性"的结论。所谓此事就是反省,但这反省是无分别之分别，切不可忘。因而，觉知也不是心理学上的自觉，这种自觉是建立在分别之上的，是禅经验的事实还未参透的。

无知之知

所谓一唤一答见佛性,不出见闻觉知的范围,所以似乎也可以理解为心理学上的自觉。然而,禅经验本身就是自觉之前的觉知,也就是无知之知、无分别之分别,是心理学等研究还未着手的先行内容。我们必须留意到这一点。

唐宪宗时,鹅湖的大义禅师和其他法师们有过一场关于道的问答,道、佛性、此事,都指向根本的禅经验的事实。对"以何为道"的问题,有法师回答:

"知者是道。"

大义禅师说:"'不可以智知,不可以识识'安得知者是乎？"排除了这个答案。

又有人回答：

"无分别者是道。"

大义禅师又反驳说，道是"善能分别诸法相，于第一义而不动。安得无分别是乎"？

可见，大义禅师的看法是，终极的经验事实不单纯是无分别，也不单纯是知（分别）。确实如此，"知者"之"知"是分别论上的说法，也就是心理学上的自觉。它无法道尽禅经验的事实，我们需要再迈进一步。

那么就是无分别？——也不是。无分别无法去分别"个多"的法相。一切皆无分别就是一片暗黑，只能说它与根本的经验事实不符。

因此，这说的是以见闻觉知去超越见闻觉知。最后的禅经验，是在无分别的分别、分别的无分别之处。

知与用——狮子弄得

说到无分别的分别、无知之知等等，说的只是禅经验的事实带有的理论性，其用或许会被忽略。此事是"知"同时也是用，我们在各自的日常生活中，有必要了解这个用是什么。虽然有人说"百姓日用而不知"[1]，"无知之知"其实当落到用来承当，"用即知，知即用"。禅经验本来就是那样，"一即多，多即一"也好，"知即用，用即知"也好，都不过是同一事物的两种表现而已。"多"不是空间的、静态的，而是时间的、动态的，所以"多"就是"用"、"用"无非就是"多"。在这一点上，如下问答有着丰富的启示。

---

[1] 出自《周易·系辞上》："仁者见之谓之仁，知者见之谓之知。百姓日用而不知，故君子之道鲜矣。"

云岩昙晟是药山惟俨的弟子,有一次药山问他:

"听说你知道弄狮子,是吗?"
"是。"
"弄得几出?"
"六出。"

"狮子"为心,"六"为六识,意即心通过六官去感知。按佛教的说法,不是五官,是六识,借此心内和心外才能保持沟通。听了云岩的见解,药山说:

"我亦弄得。"
"和尚弄得几出?"
"我弄得一出。"

云岩说:

"一即六,六即一。"

意指,一就是六,六就是一。这跟"一即多、多即一"是一回事。这里要注意的是,虽然"一即六、六即一"有非常深刻的含义,但是弄一字更值得品味揣摩。弄是用的直接表现,弄得一出还是弄得六出,如果它们指向的都是同一事物,那么知者就是动者,动者就是知者。认为禅经验也有这般形态,也未尝不可。有知有用之处,有我们的日常生活。

"狮子弄得"的问答并没结束,它甚至还传到了沩山处。云岩后来去访问沩山(灵祐),沩山说:

"听说您在药山时,有过弄狮之说,是真的吗?"

"是真的。"

"你是长时间弄狮子?还是有时候让它休息?"(长弄么,还有置时也无。)

"要弄即弄,要休息即休息。"

"休息时狮子在什么地方?"

"休息，休息！"（置也，置也。）

这就是云岩狮子弄得的一句。沩山问："休息时狮子在哪里？"云岩答："休息，休息！"——禅问答的妙处尽在其中。如果只说"知道"或"在"等，就会是静态的、空间的、自性清净的、守一的，容易遮住"用"的一面，恐怕会生出误解，也就是会概念化。而生活的一面、跃动的一面、弄得出的一面就容易被遗忘。从很久以前开始，思想者们就在不知不觉之间掉进这个缺陷里了。印度式的思想以及表现方法几乎都带着这个缺陷而来。幸运的是，佛教传到中国，融入汉民族行动性的心理中，再转化成禅佛教，扩张了具有独自精神特征的经验领域，然后我们日本人才享受到其恩惠。

沩山："置时狮子在什么处？"
云岩："置也，置也。"

这番问答，唯有禅佛教才会出现。

猕猴从窗伸出手

朗州中邑的洪恩是马祖道一的弟子,他和仰山慧寂的问答,会令人联想到"狮子弄得出"。他们谈的不是狮子而是猕猴,问答从仰山问中邑"如何是佛性义?"开始,中邑答道:

"譬如这里有一个房,房有六个窗,内有一只猕猴。这猕猴从东边的窗口唤'山、山',(里面)那只猕猴就会'嗯嗯'地回应。从别的窗口唤它也一样,六窗俱唤俱应。就是这样。"

仰山听完之后,便礼拜,然后问:

"适蒙指示，已经有所了解，只是还有个疑问。里边的猕猴累了休息的时候，外边的猕猴无论如何也要与它相见，又会怎么样？"

被这么一问，中邑和尚便从绳床下来，握住仰山的手起舞说：

"山、山，与你相见了。"

内外、主客、身心、彼此等等的分别，虽然在对无分别的根本的禅经验事实加以反省时，才成为可能，但为什么要加以反省似乎是可以探问的。然而那是经过反省、经过分别之后的疑问，无分别的实体并没有那样的分别，而是保持分别原样的无分别。困了睡或是休息，起身回应六个窗口响起的呼唤，诸如此类，是反省、分别之上的再构成。在无分别的方面，起床也是"惺惺著"[1]，睡觉也是"惺惺著"，只能

---

[1] 禅语"惺惺著"，源自瑞岩师彦和尚，可以解释为："睁大眼睛！别发愣！""惺"是开悟或心静的状态，"著"是加强语气。

称之为无分别的分别。中邑的洪恩是禅者,他不需要像我们一样在纸上作说明或解释,而是马上握住仰山的手起舞,说"相见了也"。所以,禅问答绝不死板,总是有生灵跃动。

扫院子的主人公

在禅问答的尽头,总要明确分别是从无分别出来的。"分别是从无分别出来的"这么说有语病,当是分别的无分别,无分别的分别。过去的诸位禅匠都用了各种方便[1](方式)来传达这一点。在这种情况下,所谓方便就是问答。问答常常从意想不到之处冒出来,又往意想不到的方向移动。停滞在分别或说明的层面,就无法进到移动变化中。

云岩有一天在扫院子,道吾看到了便说:

---

[1] 佛教的"方便"。指以灵活方式因人施教,使悟佛法真义。《维摩经·法供养品》:"以方便力,为诸众生分别解说,显示分明。"《五灯会元·章敬晖禅师法嗣》:"方便者,隐实覆相,权巧之门也。被接中下,曲施诱迪,谓之方便。"

"啊,在忙着做事啊。"(原注:"太区区生")

云岩答道:

"在忙着做事,也有不忙着做事的人。"

这就是非常明确的"分别",忙着做事与不忙着做事、多与一、动与静、用与体。

道吾于是追问:

"这样,便有第二月?"

分别,就是给浑沌打孔,将无孔的铁锤一分为二。月亮不是唯一,就只有第二、第三接连着数下去,"多"变成更多,"一"便消亡了。这是一般理论最难解的地方。于是,我们的分别就怎么分也分不完,然后走入迷途。那么云岩是如何走出这个困境的呢?他是一位禅者,不谈那是不是第二月，对不忙着做事、忙着做事和一、二什么的，也不加任何说明、贯通、解释。他竖起手中扫帚，反问道：

"这是第几个月呢？"（"这个是第几月？"）

道吾作罢离开。

山寺闲寂庭前，打扫着的一禅僧，此刻竖帚而立，发问："这是什么？"不言自明，他的这副模样正是答案，而且既是"永远的？"，又是"永远的！"。

叉手而立

在显然无法说明、解释、再构成之处，只能用或竖起扫帚、或拈起拄杖、或扬起拂尘、或悬足、或挥手这一类动作，也就是非得用所谓的"扬眉瞬目咳唾掉臂"等来行佛事。从这一点看，语言文字也是佛事，用以说取禅经验的事实。只是语言文字因为带有概念性往往被错误地理解，禅者当然又无法放弃使用语言文字，时而说出连思想家也费解的哲学式理论。在介绍两三个这样的例子之前，先来看一个类似云岩扫帚的例子。

沩山问仰山：

"你从哪里来？"

"从田中来。"

"田中出来的人多吗?"("田中有多少人?")

仰山不答多与少,只将土锹插在地上,叉手而立。叉手,即两手在胸前交叉,也可理解为直立不动、立正的姿势。沩山见此,也不作任何评论,说:

"今天南山有许多人在割茅草呢。"

仰山听到后,也不作任何解释,拔起土锹,径自离去了。虽然再无下文,去了某处,或返回田中,或去南山为众人助势,或回到僧舍,怎么理解都可以。

无论怎样,仰山从叉手、直立不动的姿势,变成担锹、活动自由的状态。可谓不去却去,不留却留。他并不死守无分别的根本经验,其特征是守也守不住,是无分别的分别、分别的无分别,似动非动、不动又在动。云岩则从扫地的动作,变为竖帚而立的静态,正是所谓"动静不二"的说明。他默默无言,读者却充分读懂了此间动静。

禅经验与语言文字

禅的终极经验事实,无法用语言文字来描绘,或者说还未被表达就已自然流露,也可以说在表达的那一瞬间便自相矛盾而无法着手,还可以说该矛盾本身就是真的矛盾着,立场不一、情形不一。虽然如此,但总的来说,如果不与经验事实遭遇一次,一切都是谎言,这是禅者的看法。这个看法的真实性就是禅的生命。以下要介绍的数则因缘在逻辑上都充满了矛盾,匆匆浏览这些问答的读者,对把领悟的重点放到哪儿才好,会感到困惑吧。

睦州的陈尊宿是黄檗的弟子,是发掘出临济禅师英才的人。一次,他看到一个秀才,便问:

"你在修习什么学问呢?"

秀才答：

"正在研究易经。"

"哦，易经里有一句'百姓日用而不知'，里边的'不知'，到底是什么不知？"

"是不知'道'的意思。"

"那请问，你现在所说的'道'是什么？"

秀才本来就没往那个方向研究，平时总说"道""道"，以为早就了解道的本体。这也是我们普通人的心理状态，或者说是逻辑模糊不清的习惯，凡事流于含糊敷衍的态度。所以，那位秀才也只能缄口"无语"。

然而，这"无语"既可理解为单纯的无语状态，也就是什么都不懂只好沉默的意思；也可以理解为维摩、印度古圣人般的"一默"。陈尊宿说：

"果然不知。"

这也可作两种理解。除了可以理解为"无语"果然是因为"不知",也可理解为"道"果然无法用语言表达。还可以理解成一种含有抑下之意的:"那是修习了吗?果然不知道是吧?"往哪一个方向理解,全凭读者意愿。

道即不会的

有僧访沩山灵祐,问:

"如何是道?"

汉民族视"道"为一切经验规则的原理。相当于犹太人的神,或佛者的佛性,只是佛教语汇广泛,无法从中选取一个作代表。总之,"道"指的是禅的根本经验事实,因此禅问答往往从"如何是道?"开始。沩山于是答道:

"无心是道。"

也有人说他答的是"平常心是道"。平常心即无心，无心就是平常心，是百姓日用而不知之处，饿了吃、困了睡的基本的东西。当然不容易懂。果然，这位僧人说：

"某甲不会。"（我不懂。）

此处的"不会"与上文的"不知"一样，都可以作两种理解，但在这里是真的不会不懂。沩山便说：

"会取不会的。"（必须去领会不会的，即会之不会，不会之会。）
"如何是会的？"

僧人又再发问。去会"不会"是矛盾的，如何解决这个矛盾？所谓解决矛盾在这里已经，已经成个恶作剧？所谓矛盾只在那一类人身上存在，其实本无矛盾？矛盾是经验再构成过程中出现的事物，所以经验本身并无矛盾？没有经过知性再构成的经验,其事实本身不可能存在。禅问答之所以成立,缘由正在于此。

沩山和尚说:

"只是你,不是别人。"

意即"你就是你,不是别人",这就是对"不会"的领会?药山被人问"究竟如何思量'不思量的'?"时,答道"非思量",他所说的"非思量"跟这个"只是你,不是别人"是一回事吗?无论怎样,当"天上天下唯我独尊"[1]这句话跳出来时,矛盾和自相矛盾就全都不存在了。

---

[1] 传为释迦牟尼来到人间的最初一句,意指人在宇宙中是顶天立地的,每个人都是自己的主宰。

道得即道不得

云岩和尚有一天在堂上跟众人说：

"有个人家儿子，问着无有道不得底。"

就是有一个人家的儿子，问他什么，他都没有不说的，什么都答。"喂"地叫一声，会答"是"。见柳树说绿，见花说红。摸到冰会说冷，摸到热水会说热。"咚"地一声是钟，"哇"地一声是鸦，凡事自由不拘，没有什么说不得的。这孩子是谁，在哪儿呢？

洞山从众人中站出来问：

"他屋里有多少典籍？"

洞山心想，这孩子是不是读了很多书，家中想必装满了古今书籍。云岩说：

"一字也无。"（意思是，连一张报纸都没有。）
"争得与么多知？"（他怎么懂那么多呢？）
"日夜不眠。"（从不睡觉。）

光不睡觉不休息就能多知，这不可能吧。除非"了了常知[1]"，不可能达到这种状态。不考虑"无分别的分别"的根本经验，凡事都依然是未解决状态。据说洞山非常了解云岩内心所想，这番问答从一开始就是一种合谋。最后一句可视为特地留给云岩来作结的，所以洞山说：

---

[1] 明了一切事物的本质，无疑惑，并永远保持下去。

"问一段事还得么？"

意即："那么我可以问他一件事吗？"日夜不眠无所不知的"有个人家的儿子"——能回答洞山的问题吗？云岩答道：

"道得却不道。"

意思是，"道得"就是"道不得"。或许用"即"比用"却"好。开头说"有个人家的儿子"没有道不得的事，到了最后，道得和道不得成了一回事，矛盾成了自我同一。家中有无典籍、日夜不休不眠、煞有介事地问答，这些全都是附赠和余兴，结果是"一段事终究道不得"。

不知、不会、不道、不可说、不可称、不可思议——禅根本经验事实的再构成也历经了同样的道路，返回原处。

问故迷

我们不应抱着解谜的心态来学禅。然而人生就是一个巨大的谜,从中生出的或者说组成人生的,全都是谜。我们的一生都在思考着要解开这个谜,却做不到,只从行为上无意识地将这个谜进行下去。仿佛解开了,又好似解不开,生来,死去,无论如何也无法超越。哲学家其实也是诗人,吟唱也许比思考更适合人类,可吟唱和思考,好像也并没有什么不同。人类的思考,并不比蛙声高明。这么说也许会惹怒世间的思想家,然而这也是人生之谜、天地之谜当中的一个谜。

也就是说,人类稍一停步就会惹祸。像猫狗一般、松竹一般,随性而动的话,就不会有什么麻烦。停一会儿车看红叶，就打破了迄今的状态无法维持原样。世界分成自己和面对自己的东西。生出疑问，有了名称，一旦如此就不知停歇，被自己造出的东西蒙骗。往对面使劲，使出的劲又由对面折返，牵一波，涌动万千波浪。也许很有趣，也可能很麻烦。所有这一切的源头，就是你自己开始的那一问。

所以投子和尚说：

"你诸人问故，所以有言，你若不问教我像你道什么即得，一切事皆你将得来，都不干我事。"

一切都是你自己先发问的，所以才有这些烦恼，才有纠葛纷争，有喜怒哀乐，有地狱与极乐世界，有天地万物，有千差万别，无穷无尽。

道在目前

闲话休提,再回到禅的认识论。

接下来的问题是"道在哪里?"。"在哪里"和"是什么"是一回事。"某物"必定会在某处,有某处,就不会没有某物。回答了这个问题的,是京兆与善寺的惟宽和尚,他说:

"只在目前。"

这跟赵州禅师所说的"墙外底"一个意思。说在门前也好,在脚下也好,都没什么两样。儒家的说法是"道在近处,却去远处寻求"[1]。禅者的表述不诉诸远、近那样暧昧不清的观念,只说"就在您老人家眼前",而看不见的人还是看不见。

"我何不见。"

有和尚接着问道。惟宽和尚跟唐代其他禅者不太一样,他比较现代,或者可以说比较印度式。他的解释连我们也很容易懂,认识论的论者也能选取这样的问答作为讨论的课题。惟宽和尚这么答:

"汝有我故,所以不见。"

之所以看不见,是因为你身上有"我",去掉那个"我"或许看得见。禅和佛教一般所说的"我"都是"个",是来

---

[1]《孟子·离娄上》:"道在尔,而求诸远。"

自主客之分的"多",因此经验才成为可能,但也因此而打破了经验的根本性。也就是说,问题恰恰在这里。这番问答也沿着这条线进行着,和尚又问:

"我有我故即不见,和尚见否。"

从普通的意义也就是伦理的、宗教的意义上,把"我"理解为"我执"的时候,凡人因为受其束缚或污染,即便大道就在眼前也看不见。然而,禅道高人必定不一样,惟宽和尚必定看见坦途大道通长安,了然于心。云水和尚的发问在我们普通人看来是非常得当的。惟宽和尚的回答如下:

"有汝有我展转不见。"

"你这般,说自己怎样您怎样,束缚于我他彼此的分别中,就是相互展转,受限在个多的世界里。这就更谈不上我看得见、别人看不见之类的话。"我们不妨先这样理解这番解释。惟宽所在的世界跟云水和尚所在的世界，属于不同次元，所以他们之间无法达成理解贯通，自然就会出现如下问题，即云水和尚的发问：

"无我无汝还见否。"

按一般逻辑走必定会延伸到此处。如果是因为有我他彼此而看不见，那么在没有我他彼此的世界就不会看不见，是不是？惟宽答道：

"无汝无我阿谁求见。"

在唯无的世界，即无汝无我、一个多一扫而光的世界，就不会有"见"也无谓"道"，更不会有谁想要去看见什么了。

那么，这番问答最终是什么样的呢？又应该是什么样的呢？问的人因此而看见"道"了吗？还是陷入云里雾里比以前更彷徨了？且不说问的人，读者诸君，您觉得呢？

拟向即乖 [1]

类似上述问答的东西，是写也写不完的。禅的根本经验指向"哪边"，但愿借此能使读者得到比较接近的印象。

庐山归宗的智常禅师是马祖道一的继承人。他训诫弟子"莫就他觅"，说"依他解发，言皆滞光不透脱，只为目前有物"。目前有"物"，意思就是只知道个多的一面，而不知那其实是无分别的分别。

有僧发问：

"如何是玄旨？"

---

[1] 语出《赵州录》"平常心是道，拟向即乖"，此处"乖"的意思是背离。

玄旨跟道是一个意思。归宗智常答道：

"无人能会。"（是很难懂的。）

"向者如何？"（不懂没办法，但应该面对它，想办法让人懂吧？）

"有向即乖。"（面对它——不管它是什么，要弄懂它，但"拟向即乖"，难以弄通。这种矛盾、这矛盾状态就是玄旨。）

玄旨、道，是我们怎么也无法明白的。作为"眼前之物"，面向它，想要抓住它，也只能仿如追赶影子，越走向它、越追赶它，就越抓不到它。那么，

"不向者如何？"

问答也只能这样延续下去。只要发问者没完全放弃自己的立场，在面对与不面对的纠结之中，天就变亮了。归宗

答道:

　　"谁求玄旨?"

　　如果没有要面对的东西,那么玄旨一开始就根本不会成为问题。发问者自己造出一个不存在的影子,一心捕捉它,结果什么也没有。拟向即乖、不向不得,进也不是,退也不是,陷入矛盾的歧路——这难以参透的大公案非得参透不可吗?

观音行

陷入拟向即乖、不向不得两难困境的人类，到底该怎么办呢？禅者说，必须要经历过一次禅经验的根本事实才可以理解这个问题。经历根本事实，意味着承认这个事实证悟所有的经验。也就是说，在见闻觉知的过程中看取、会得、领悟，即冷暖自知的意思。下面再举个例子来说明。

还是归宗和尚，有僧来问他：

"像我这样什么都不懂的初学者，难道没有什么方便门可以使我悟入吗？"

归宗敲了身边鼎盖三下，问："听得到吗？"僧人说："听得到。"归宗却说：

"奇怪，我听不到。"

然后他又敲鼎盖三下，问："听得到吗？"僧人这次说："听不到。"归宗却说：

"奇怪，我听得到。"

云水和尚不知所措，无语应答。归宗和尚念了句经文：

"观音妙智力，能救世间苦。"

据说观音通过声音的世界普救众生，所以当听觉成为话题时观音就会出来。

再介绍一则归宗和尚的"观音行"，话头如下。

禅师有一次上堂说：

"我要开始讲禅了,众人请向前来。"

大家听到后,纷纷挤向前来,和尚便说:

"汝听观音行,善应诸方所。"

只要被念起,不管在何处,观音的妙智力都会相应表现出来,极其奇妙且不可思议。经文的意思大致如此。

虽然归宗这般怀着满腔诚意毫无保留地讲禅,还有人听不懂也没办法。有僧发问:

"如何是观音行?"

(自己在修观音行却在问什么是观音行,体现了人类意识上的矛盾。而这种矛盾恰恰说明我们人类是意识上的存在,禅也正是由此生发的。)

归宗弹指说:

"听得到吗?"

僧答:

"听得到。"

怎么解释也解释不通,所以归宗厉声斥责:

"你们到底来这里找什么?"

他拿起棒将众人赶了出去,然后自己大笑着回方丈房去了。

乍看之下,这位和尚简直近乎疯狂。口称要讲禅,在哪里讲了?完全搞不懂。要大家"向前来",大家向前。接着他念句经文,有人问他经文之意,他却只弹一下手指,问人:"听得到吗?"答称"听得到",他却怒骂"笨蛋!滚出去!"然后大笑着径自回方丈房去了。完全搞不懂怎么回事——这就是来自"分别知"的诚实的判断。

最终，谈话落定何处呢？

如果有落定之处，那就不是禅。但如果并无落定之处，古往今来，着什么死急？[1]

古人曾说，"佛者觉也"，一个"觉"字，画龙点睛。

---

[1] 沩山的弟子讨论沩山竖起拂尘是即色明心、附物显理，香严批评他们："会即便会，不会着什么死急？"意即：悟人的人则当下悟入，不了悟的干着急有什么用？

禅的超绝性与汉文学

最近我出版了一本书《一个真实的世界》,送了一些给认识的人。其中有一位精通学问的年轻学者说,"读您的书,能感觉到一个非常宁静悠然的世界",他接下来的评论是"很羡慕",还是"那样好吗"或"非常超越当下时局",我现在想不起来了。

不管怎样,我很希望人们能看到这个宁静悠然的世界。时局的压力越大,越希望人们能稍稍踏入这个超越界。即使不踏进去,只探头看一看也是好的。没有这个世界,人就活不下去。不是活不下去,是活着没有意义,既然活着当然希望能感觉到人生来世的意义。

可能没有什么比禅更具有超越性了。禅在穿衣吃饭中,同时也在山云海月处。一般宗教性生涯中能感觉到的这种趣味，在富于感情和激情的地方却很少感觉得到。比如寒山、拾得，以及日本的良宽、芭蕉这类人，是不解世事的闲散之人，也可以说他们是与今世没交涉的人。但是，他们各家有壁龛，眼睛上边有眉毛，天上有星星，外衣上有徽纹——这些都不能说是多余的。而且，这些都并非似乎缺了点儿什么所以才被需要的消极性的东西，它们其实带有很大的积极性。

不懂得这种积极性，就看不到宁静悠闲的风景。这么一来，从一开始就会谈不拢，无法谈。身处不同次元的人，本来就无来往。

禅的超绝性就在知性透彻之处。然而，此处所谓的"知"，并非相对性的知，是绝对性的、般若的，切不可忘记这一点。

能最好地表现禅的超越性的文字，当属汉文字。禅生发自汉土，当然与汉文学有不可分离的紧密关系。我们日本人从很久以前的《古事记》《日本书纪》开始，就跟汉文很亲近。"虾跳不出斗",我们不管如何使劲,也跳不出汉字以及汉字所包含的心理,而且,实际上我们也没有必须跳离的理由。我们是东亚民族,告别汉字等同于抛弃《古事记》和《日本书纪》的世界,就是自杀。无论是一般民众还是小官吏小公吏,只要是多少接触些东洋文化精神,并且想体验世界性东西的指导者级别的有教养的人,那么他们就离不开汉文学。不管本居宣长之流的人如何鄙视"汉意",都没用。

自从禅传入日本一直到江户时代,不,一直到今天,禅僧都把作诗偈、埋首于下语[1]或著语[2]当作最重要的事情。禅以日本人独有的方式,对日本人生活的各个方面产生了非常重要的影响。但在禅文学方面,依然脱离不了汉文学。

"三界无法,何处求心。白云为盖,流泉作琴。一曲两曲无人会,雨过夜塘秋水深。"把这样的文字翻译成日文,或者翻译成别国文字,原文的意思(其中充满了无法细加分析的各种涵义)难以得到充分的表达。首先"三界无法!",

---

[1] 禅中指教训学人之语,或呈露自己的见解,往往在公案本则或颂之下。
[2] 后世禅僧对禅录的本则或颂作的点评。

光是一个字一个字地读"三、界、无、法！"就能道尽禅、道尽佛教、道尽人生、道尽天地万象。这是多么具有超越性的文字啊！下文的"何处求心"云云，更是余韵袅袅。

虽然听说过中国人为了对仗句挖空心思，非同寻常的毒害流布了整个中华文化；但实际上，汉文字本身确实有着无以言尽的妙趣。书即画，汉文字在意义、内容之外，还具有形态美。对仗句并非简单的意义上的对照，这种对照还表现在文字的形态上，必须落到纸张或什么东西上观看才行。下边这个对仗句，倒不是说它绝对有禅意，可诵读起来能感觉到无限的意趣。所谓意趣，有着颇为渺茫的意味，理当加以限制、说得更具体些，可我又不是学术论文，就先这么模糊着吧。其实，这模糊有着东洋式人生观的一面。模糊下去，便可谓飘渺、幽玄、神秘、混沌未分，什么都行。

"十年枕上尘中梦，半夜灯前物外心。"

我实际上不太懂音韵学，所以品不出这个对仗句音律上的妙趣。然而，以日本人的方式来读，不把文法复杂化，读成"尘中的梦"以及"物外的心"。仅仅加了"的"字，把两个句子读成所有格而已，就能从这一联所列的文字感受到思想、感情色彩的微妙之处。汉文学把尤为重视诗形的文字，即最富于启发性的事物，按照作文的章法，按最有效果、最适当的顺序予以排列，以发挥它们全部的能力。就像是把一幅纸面空间按最美的样子分割，再搁上一块土，旁引一条水流，其间再点缀些草、树、人。观者各自接纳这些事物，与自己的智识、经验、感情相照映，好似自己在纸上画出各自的图形一般。日本的俳句，在这一点上与汉诗酷似。选用什么样的文字作什么样的编排，可见作者的天才。把它们处理成什么样的关系来接纳，可见读者的技能（这也是天才）。有时可能读者比作者更懂。

禅文学的醍醐味便是从这样的地方迸涌而出的。

汉文字的妙处在写而不说，禅的妙旨也在直示、直叙，都不容理论和分析。写时加以说明的话，一个一个的字就有了文法，主语、谓语、连接词什么的就出来了。禅，只能是主语，是不分主宾的绝对语。从这一点看，汉文字是有禅意的，总是带有近似绝对语的特征。"云门拈出拄杖"，便是绝对语（禅语称为"一句"）。其中并无文法，既非"拄杖是……"，也非"拄杖的……""将拄杖……""往拄杖……"，就是一根拄杖而已。

实际上，云门说法到这里就完了，那之后只是"下座"。云门留下的仅是"立即回方丈"。对此，圆悟的下语是"杀人刀活人剑"。转往哪一边都可以的拄杖子本身并不存在于两端，它不出现在"是、的、往、将"的世界，观者用在哪一边都可以。所谓"哪一边"之类的世界存在于观看一方。圆悟汉文正宗，所以说"杀人刀活人剑"，却对这两个用语有什么样的关系不置一言。只是按一二数，还是一即二、二即一、一和二、一或二，完全搞不懂。一根拄杖子、杀人刀、活人剑，怎么看这三个独立的概念的关系，随我们的便。

被这么一句"全凭随意"撇在这里，令人困惑至极，另外又觉得非常自由有趣。理论家可能会因为这样的暧昧而倍感困惑，嚷嚷着那没有科学性，脑袋里无法接受。然而，如果我们试着离开那条思路，就会找到应该能发挥自己的创意的道路，会觉得颇为有趣。

如果听到什么就接受什么，那只是机械性重复而已。静态性理论不是禅，在这一点上，汉文字扮演着非常匹配的容器的角色，禅必须是在大陆发展起来。

化龙的杖子

云门的拄杖子,既非主语也非谓语,是绝对的一句。本来就那样挺好,却偏偏行动起来,结果无法收拾。它是怎么行动的呢?

云门说:"拄杖子化为龙,吞却乾坤了也,山河大地甚处得来?"

多余的问题。为什么不让毫无罪过的拄杖子保持自然法尔(原态)的样子?可我们今天无法收回这个问题,不能置之不理。可以说,这里有禅的超越性。第一,木棒变成生物,并一口吞掉整个天地,这岂非科学常识的颠覆?好似在哪儿读过的神话。云门是距今一千多年前的人,当时神话也已经站不住脚了吧。禅的超越性不是神话的超越性,因而云门的杖子在今天也常常是可以变化的。

也就是说,这怪物故事,讲的既非彼处,也并非一千年、两千六百年等时间上的事。因此,禅的超越性的问题,也是今天的问题。进而,也是这个"日本人"之一的人自身的问题——一个一个读者的问题。它是令人困扰的,也可以说是相当有趣的。

以为乾坤已被吞掉无影无踪,比睿山依然高吧?加茂水依然长吧?冷了感冒,热了出汗,砍了流血,血流得太多也还会死。这到底发生了什么事?还不如被拄杖子一并吞掉才好,这是怎么回事?

圆悟语带玄机:"东西南北,四维上下,争奈这个何。"这个"这个"是个问题,吞也吞不尽的这个,"甚么处得来"?绝对的一句没变化,是原样吧?那么,所谓发生了变化的是什么?所谓行动了的又是什么?森罗万象是什么?被砍了流血是什么?追根究底,往何处、怎么追究这个"这个"呢?

在此又要遇到禅的超越性。好像已经脱离了禅的超越性，回到了山高水长的世界，却依旧被禅的超越性扯住，是怎么回事呢？

只因为禅有"这个"。"这个"是空前绝后的一个词，开头是它，末后的一句也是它。它其实并没有超越性也没有内在性。"这个"在云门手里就是一根拄杖，化身为龙便能吞掉天地，而山依然青，水碧如故。换句话说，千变万化的是"这个"，不千变万化的也是"这个"，与大千世界一起摧毁、一起摧而不毁。

谈起这些，仿佛非常悠闲，好似与实际生活完全隔绝了。对了，构成这个"实际生活"的是什么东西呢？口称"实际生活、实际生活"的人，想到过这个问题吗？

人类的生活，就在所谓历史、小说等传达出来的东西里，还是无非报纸每天所报道的内容？或者如赵州和尚所说，我们从早到晚都在被十二时辰所使用，这就是实际生活吗？赵州和尚说"老僧使得十二时"，我们的生活是能使用十二时辰，还是被十二时辰使用呢？如果是后者，实际生活有什么样的意义呢？被父母生下来，被驱动，被赶，被追，以为已经被逼上了那个高峰，却又被推下这个低谷。每一次上下沉浮，都忽喜忽怒忽悲，过了一段时间，又病又累，四大不调[1]，最后化成一堆灰散去。这就是实际生活吗？在这里边能找到什么样的意义呢？实际生活如果并非能自主的生活，就没什么意义吧。能使用十二时辰的时候，才会有所谓"生存的意义"吧。

如果确实如此，当谈到"这个"时，何以说它和实际生活"没交涉"呢？活在使用不了的十二时辰里，又如何能找到云门的拄杖、圆悟的"这个"、"杀人刀活人剑"的一句、可化身为龙吞掉乾坤的神奇至极的一物？如果找得到，"没交涉"也好什么都随便说，"到时"再说。

---

[1] 佛教认为人体由四大所成，即地大、水大、火大、风大，四大不调即生病。

《槐安国语》

白隐禅师的《槐安国语》中，新奇的下语随处可见。相较历来的惯用语，特别有清新感。他的书在根本上还未脱离汉文学的影响，上文也谈到，这是因为禅与汉文学心理（依照汉文的表达方式）有着不可分割的紧密关系。然而，不能总是从发生学角度来理解禅，在今天就应当用今天的方法来理解。比较《槐安国语》和《碧岩录》，也许会发现前者带有更多日本的东西。白隐禅师逝去已有二百年，不能让这二百年的时间徒然逝去。

白隐禅师的下语中有这么一句：

"国将兴时听于民，将亡时听于神。国兴也，视民如伤也。其亡也，以民为土芥。"

不知原文出处[1]，但人们认为，它们偶然地在很大程度上暗合了今天的日本的政治。部分被叫作"宗教家"的人，不听民众之声，却屡屡抬出神来，准备听信神。而那些准备要问神的事，其实自己事先都已做出决定，让神说出而已，所以越发颠倒了主次。他们设法造神，不过是为了避开多余的媒介假借神口言说。

虽然与上述内容无关，白隐在此将民当作"这个"，将绝对的一句、既非主语也非谓语的末后一句比作民。政治上"如赤子"的民，从禅来看是"这个"，必须倾听它所说的。赤子之民当是天真烂漫的，不可对他们施以任何压迫，不可肆意令他们哭或笑。想笑的时候笑，才是赤子之所以为赤子的缘由，才是所谓的天真。"这个"也当遵循自然法尔行事。

---

[1] 出自《左传》。

"这个"是无瑕白玉，轻轻一碰就会蒙雾，生怕弄伤它必得当心。然而毕竟还是可以当心的，"好事不如无"啊[1]。

---

[1] 语出赵州从谂，铃木大拙用在此处，译者认为可以理解为虽然"这个"不易碰触，但不能因为不易碰触而不碰，因为太简单易得的"好事"其实于修禅无益，不如没有。

"这 个"

居于不同的地方，达成彼此的理解会相当艰难。即使在同一平面的人，也会有空间上的划分，各自站在一小片一小片的地方，争吵无可避免。而且同时在同一空间是塞不下两个人的，所以战争才会注定伴随着人世，人就是阿修罗。作为一种空间性的存在，只要不出空间理论的领域，互相蚕食、吞噬便是人类唯一的命运。

"夏虫不可以语于冰，井蛙不可以语于海，曲士不可以语于直。"

无论时间还是空间，一旦在某些情况下产生了些什么差异，就会如引文所说，相互的理解或许就变成不可能。但是，也有可能又在某些情况下消除了彼此的竞争。而这时的无竞争状态是非物理的，更多地是思想方面的。物理的次元无法将思想收纳其中，在物理上被认为是不可能的事物，有时在思想上也许是可能的。然而，思想一直无法超越物理，它受物理制约，有些思想本身无法自主自由活动，没办法。

这就需要有这么一个自主自由的绝对语，能将我、他人、彼、此、山河大地、花红柳绿，包括它自己，全部尽收其中。必须要往底处怎么破也破不了的"这个"撞着一次，从这里放进不相容的东西，才有多出来的思想。物理层面的思想流向这里，在这里被逐一吸收。这里没有空间理论的矛盾冲突。也不是没有，有是有的，但并非无法消解的矛盾冲突。因为在这里，矛盾本身即消解。

说得通俗一点便是，肚子够大、心胸镇定。布袋和尚曾说"宽却肚腹任顺化"，他有着汉民族的理想人格。所谓肚子大，并非空间上的大，只是无限扩张空间的象征，以它也无法竭尽"这个"。

"这个"的思想存在于最高次元，因此，引入空间和时间，也制约不了它。

相即相入

没有争斗，人类就生存不下去。实际上，争斗本身即"生"，"生"本身即争斗。因此，在有生命的地方必然有争斗，这就是战争的心理依据。禅问答，在一定意义上也是争斗。这边说一句，那边回一下。我一动，彼一动，千波万浪，涌动不绝。在有差别的世间，这是理所当然的吧。

但是，争斗不可有私念，不可有"私案"，不可有"判断"。出自私怨、私案、判断的每一个事物，各自都背负着灭亡的命运。

有差别，就有"我"，然后就有私念，有思考。有思考，就有判断，有理论。肯定否定不相容，左右冲撞，往东扩张的就跟向西蔓延的互相抢夺。我是"个"，"个"不可失其所。不仅不肯失其所，还要侵犯其他的"个"。"个"的存在，有否定和肯定，消极与积极两个方面。只有袭击他方，才能达成自保。守即攻，由此生出争斗，生出动态的理论。

然而，差别的另一面是平等，这是自古以来佛教范畴看到的世界相，在今天也一样。虽然今天用的是很不一样的文字，指向却是一样的。平等即差别，就是所谓的否定即肯定、肯定即否定。差别和平等是存在论上的说辞，否定、肯定以及二者的相即，是逻辑上的表达。如果争斗与相杀被当作差别和否定，那一定也可以从肯定的方面、平等的立场来观照。换句话说，必须从同生——相即的一面，来看相杀——相互否定。

转向相即·同生的立场时，差别·争斗的世界观就会变得面目一新，"无私（思）案、无判断"的自然法尔的生命活灵活现。真正东洋的东西正在这里，我深信不疑。

相即必须是相入。相即是静态的、存在论之上的，而相入是动态的、辩证法之上的。有真正的相即的地方，就一定有相入。有相即，相入才成为可能。从逻辑上讲，是般若既非论；从存在论上讲，即事事无碍世界。

东洋人的人生观和世界观，就建立在这一思想及要点之上。然后我们东洋人在历史上才有了存在的意义，东洋的各种思想、行为、艺术都是从这里出发又复归。"东洋"存在的理由完全集中在这个立场、这个要点、这个领会之上。

东洋或称东亚应该团结一致的思想，在此必须得到发掘。如果有人相反地固执——个执——于日本、中国、印度等在空间、时间上的局限，那么那个人就是导致各国国土及历史败坏的人。

相即相入是生命哲学，把这种哲学导入日常生活的技术，便是禅。提到禅，人们可能觉得是一个远离日常的概念上的东西，其实并非如此。相即相入并未脱离我们的平常基底，重点在于"自己领会"。

晨起洗脸，是水和自己的相即相入。互道"早上好"，是你和我的相即相入。说"今天天气好"，是太阳和自己的相即相入。上工厂，打开电、水开关，开动机器，做出些什么东西——不都是些什么和什么的相即相入吗？

水没有自己的感觉，电没有自己的感觉，阳光没有自己的感觉，叠翠的远山也没有自己的感觉。可我们自己——人类有感觉，通过唤起这种自我感觉，般若也好华严也好，都会立即变成自家日常基底。

体与用

有一个朋友读了我的书,说:"有意思,但不知道推动力从何而来。"往往会有人跟禅的评论家说这些,可以理解。

这是受了二元论理论的影响。"赤裸裸净洒洒"等等,听上去禅是静止不动的。虽然有"上是天下是地",但也许仅仅这些看不见动静。看"体"不看"用",就会出现那样的结果。

沩山和仰山曾去茶园摘茶叶,沩山说:"从今早摘茶到现在,只闻你声,不见你形。"仰山听到后便摇撼茶树。沩山说:"你只得其用,不得其体。"仰山问道:"和尚您是怎样的?"沩山什么都不说,静默良久。仰山说道:"和尚您只得其体,不得其用。"沩山说:"自以为是的家伙,饶你二十棒!"

佛教关于体和用的概念，是理解佛教的最重要的一个内容。禅一般都不提体用，而提照用、寂照、定慧，进而阐释它们的如一，跟动而不动、用而不尽一样。

大器大用、八角磨盘空里走，一个意思。更诗意的说法有：

"云在岭头闲不彻，水流涧下太忙生。"

我们常在"闲不彻"处，而且"太忙生"。闲与忙，须对照相看；体用相即之理，要融会贯通。

剑挥长空

有禅师曾说"剑挥长空,莫论及之不及"[1],这样的妙句,在禅里比比皆是。这是东洋人的人生观。在科学、哲学、机械、工业等制作方面,东洋至今还远远不及西洋。而谈到精神灵魂宗教生活方面,有什么样的西洋人能理解通透上述文字呢?从古希腊的哲人到当今圣者,这句禅语于他们而言,有如聋哑,听不到也说不出吧。实际上,对很多东洋人而言也如此。但我相信,在东洋人当中能找到对这句禅语有透彻理解的人。

---

[1] 语出幽州盘山宝积禅师《景德传灯录》,原文为:"譬如掷剑挥空,莫论及之不及。"铃木大拙先生所录稍有出入。

"推动力从何而来？"这问得很傻气。我们本来就在动，提到推动，便觉得必有什么外力而寻问它的出处。我们总是被观念牵着走，如果没有观念，可能山也上不了河也下不去。长沙禅师说"始随芳草去，又逐落花回"，他以什么作推动力得观花三昧？"破开树看，花何在"[1]，推动力没有任何出处。

这么说也还有人困惑不解，为了这些人，只好借"空"言说。看挥向长空的剑吧，看空里走的磨盘吧，去听余音尽头空空的钟声。然而，话说到这个程度，不懂的人还是不懂。所以才有慈悲心深重的禅者拿起手中拄杖往问者头上一敲，看他以什么样的表情叫"痛！"。

---

[1] 出自一休和尚的道歌：「年ごとに 咲くや吉野の山桜 木を割りて見よ 花のありかを」。大意为：每年春天开满山樱的吉野山，到了冬天只见树不见花，花都去了何处？破开樱花树干也找不到花的所在。

动与禅

何止一棒,有些人被打了二十棒、三十棒也还在说"不知道推动力从何而来",不妨跟他讲,"推动力就是你从头上的包出来"。这类问答大都不是因为不懂最后的出处,而是向禅求"中间底",即求理念、理想、主义、道念等等。这样的问者,他们一开始就对禅没什么了解。禅不会在中途停留,它是百尺竿头更进一步的。

对各种"中间底",禅不判是非。那是因为"中间底"有历史性,跟禅的究竟性没交涉。虽然"没交涉"这个词有些容易招致误解,拥有究竟性的禅存在于一切历史性的东西的根底,必须记住,禅总是从这个根源出发的。

有所谓云门三句:涵盖乾坤、截断众流、随波逐浪。前两句可以说带有静态性,最后的"随波逐浪"说的正是有多样性的差别界。此处其实满是烦恼,丝毫不见诸如"云在岭头闲不彻"的超越性。

《碧岩集》的圆悟曾赞六祖慧能:

"稽首曹溪真古佛,八十生为善知识。"

何止七生,是八十生。传说释迦牟尼往来娑婆八千遍,实为无限遍。大悲的方便力,何止是为了历史性理想才化为推动力。令太阳由东向西移动,或者在一瞬间颠覆大地,眨眼间消灭存在于大地之上的一切万象,大悲也有这样令人惊恐的推动力。但即便如此,南泉和尚都还祈愿"当山前檀家的一头水牯牛"。

移动的东山

曾有人问:"如何是诸佛出身处?"云门以"东山水上行"作答。这段对话很有名,禅者大都这般淡然地说出一些这样的话。"向南见北斗""一口吸尽西江水""加茂川逆向而流""令淅沥下的春雨停",说的全是有违常识的事。

要说它们有违常识,确实如此。若要从禅意识的根本来诠释,它们实际上有着玩转天地的部分。不能简单地从理论、概念上看,要从那个人的气魄、意志力、心理的强韧性,有时可以从其叛逆的性格、特立独行的狮子性来看,实际上,人格最高峰是立于禅意识之上的,即所谓的"意踏毗卢顶"。我认为,人类所有的行为当全都出自这个最高峰。

除了"东山水上行"那样漠视空间规则的话,还有圆悟

式的说法:

"熏风自南来,殿阁生微凉。"

云门的说法是物理的,圆悟是心理的。而我们还可以说,物理的也是哲学的,心理的也是宗教的。不管求问"诸佛出身处"的僧人是什么心境,我们都能在云门和圆悟的回答里发现禅意识的两面。后者用词上的文学性以及洗练自不必言,它能在有如流水缓缓漫四野的平平淡淡中,在人类的出处进退、日月的循环往复中,看见禅悟的无限光芒里闪动的些微灵光,令人感激。

禅与宋儒

《道余录》跟《鸣道集说》一样，收录并指辩了宋儒攘斥佛道的不当言论。宋儒极大地受惠于佛教，却再三排斥佛教。一个心理原因是，印度民族的思考方式在根本上与汉民族不相容，思想上的冲突归根结底是心理的冲突，有如年糕铺和酒铺的争吵。虽说思想拥有普遍性，却并非无条件的。而缺乏普遍性、世界性、理论有效性的东西，必然一步也跨不出该民族、该国土或其个人的领域。你那边二二得四，我这里二二得五，如此一来，买卖做不成、天体的测定也做不了吧。在看得见星星的地方有人类，自己看星星的地方，有我他彼此的世界。世界由矛盾组成，又因矛盾崩溃。争斗是世相，同时和平也是世相。这不仅是思想家应该掌握的原理，在颇为强烈的现实意义上，也是政治家应当掌握的。

"伊川先生曰，学佛者多要忘是非，是非安可忘得？自有许道理，何事忘为。"佛者不轻言忘掉是非，是非本来就不可忘记。程伊川戴着自己的有色眼镜看佛者的是非观，那副有色眼镜便是宋儒的心理，这种心理构建了宋儒。因此，四库全书把《道余集》去掉了。心理和理论，在哪里都有纠缠和对峙。

汉民族强烈反对佛教的理由之一，是程明道所说的：

"佛学大概且是绝伦类，世上不容有此理。"

儒者认为，离开了集体生活，就不是人类了。要使人类能够继续生活下去，集体生活是不可或缺的方式。日本的神道教也说过类似的话，他们认为："我等日本人是众神的血族，因此是举世无双的民族，很伟大。"跟儒者稍有不同，但主张血缘之处是相似的。

所以程子斥责道："佛者，一懒胡尔！他是个自私、独善、枯槁、山林自适而已。"日本幸而（？）少有学这派懒胡的和尚，也许是因为江户时代神道教曾大肆宣扬过产灵神信仰。日本如今随处可见道祖神的石像，但神道信仰和儒教信仰，可以说仅在遗迹上类似。

儒者是从道德、社会、家庭立场上讲同类的继续，而神道者的产灵神关注的可谓生物学的依据，所以才会被祭在神社。作为原始民族信仰的遗物，尚未经过思想的提炼。

"我这里无生死"本是不生禅，并非绝伦类的问题，也并不止步于产灵神等。不懂得这一点的人，怎么说也不会懂，只能当作无缘众生放弃。

从人口增长来看，光靠祭祀产灵神也没用。现代生活并不那么简单，方方面面都需要专门的研究。

禅与坐禅

禅和坐禅有区别。日本最近流行的坐禅，可以说是坐禅的模仿。连模仿别人孝顺都能得到皇帝褒奖，模仿坐禅当然并无坏处。但以为这就是禅的话，可就糟糕了。

印度是所有宗教活动的本源，坐禅也从印度而来，跟禅定是一样的。禅定的修炼形式是结跏趺坐，任何事情都需要形式，这个形式叫作吉祥坐。以这样的形式聚精会神地训练，若心神散漫则什么也做不成。

但是，训练的技术就是技术，并非"本真"。有些人不懂其中区别，在坐禅中入定去了。古庙里香炉化去的不是禅，禅定一念万年去，但禅并不在那里。

禅必须有一种"知"在里边，必须有般若的灵光，神会禅师所谓"知之一字众妙之门"很有道理。然而，这个"知"没有相关性的东西，它是绝对的。相关性的"知"是"知之一字众恶之门"，禅者也应该反省这一点。坐禅不是"知"，虽然"知"可以从坐禅而生，但无论如何坐禅只是一种方法。把坐禅当作目的并无不可，但那并非禅。"坐脱立亡即不无，先师意未梦见在"[1]，达到定慧不二才是禅。最近坐禅的人们，要好好注意这一点，切记切记。

---

[1] 和"一念万年去""古庙香炉去"一样，都来自公案"九峰不肯"。

禅与犬死

有人胡乱把死当作禅,禅和死不是一回事。在死之上并无禅,禅是不生。徘徊在生死领域时,会离禅越来越远吧。

所谓"蓦直向前"不是指被死神缠住,把褉、祓视同禅的话,禅也太可悲了。禅有着大乘佛教的人生观,没有的话就不是禅了。不伴以"知"的禅,是孩童式生死观,不会因此死不了。狗会死马也会死吧。人类拥有人类的人生哲学,得有来自定慧不二的宇宙观。如果还说要死,那就死吧。但在禅,是没有死的。

这里边有禅的哲学,勿言禅无思想。白隐禅师曾在正受老人处研修五位[1]。不参透构成五位的思想就不是真正的禅，把蛮干、无意义的死视为禅，就是盲目混淆，我不愿那样归纳死。

"如何是祖师西来意？"答曰："庭前柏树子。"这番问答里有思想，有陀罗尼之会。"狗子还有佛性也无？"答曰："无。"这不是简单的无，大慧说"什么都但举赵州无字"。此处也藏着深大的思想，并非简单的"举"，"什么"也并非"没什么"。在无意义的深处，有着无法赋予意义的意义。也就是说须得记住思想的存在，禅绝不会教人无意义地死。

---

[1] 五位亦称五事、五法，是以色、心、心所、心不相应行、无为来统摄一切法。

禅与思想

《楞伽经》记有"四十九年一字不说",据说释迦佛一生能言善辩,所谈上下纵横自如,但实际上却未说一字。这矛盾至极,或者可以说没有比这更大的谎。然而它其实是般若的既非理论,是大乘佛教究竟原理、东洋思想的极致。不懂得它就不懂得佛法,无以语禅。

有僧问圆悟佛是什么,圆悟答称"口是祸门"。与之相似的问答,常出现在禅文学中。"莫妄想"说的也是一个意思。香山良应庵不管什么都咬定是"错用心",雪峰则骂道"勿讲梦话",香山良却规诫"面红耳赤不如讲真话",各有各的目的。

须记住,一字不说也好,口是祸之门也好,指向的都不过是禅的一个方面，可谓"知禅"。但仅止于此，就不懂"行禅"。行下有知，知上有行，偏偏人的意识易偏颇，得之一隅就会忘其三隅。

不管怎样，须接受禅所拥有的思想背景。超越了思想的思想，即使被称为无思想，也不是简单的"无"。好似千锤百炼的精金，一入火，色必转鲜。思想的源泉从"无"滚滚涌出，这种"无思想"便是禅。所谓"古道""古道学"，包括老庄之学等等都无法企及的，正是这一点。

定州石藏有一位叫作惠炬的禅僧（《传灯录》卷二十），曾有僧问他：

"这伽蓝会如何？"

惠炬答曰："只遮个。"（没什么变化。）

"这伽蓝中的人会如何？"

"作么作么。"（教伊寻思去，嗯，会怎样呢？）

"忽有客来，该如何祗对呢？"

"吃茶去。"（先喝一杯。）

这番问答极尽其要，直截了当地表明了禅的世界观和人生观。"伽蓝"即宇宙,伽蓝中的人便是我们。"只遮个"或"只这是"都行,当作"现成肯定"也好,天高地厚、月白风清也行。然而在这里边有无思想的思想,那么"这里"的人呢?便是"作么作么"了。解释下去会越说越长,且让我这么作结:"太阳出来了,就去原野埋头劳作。看见月亮出来了,就回家休息。喝杯浊酒好好睡一觉。虽然这些已足够,或许偶有客来,谈谈对象世界、历史环境什么的,'来,且喝杯茶'。待客应酬要顾及礼仪做法,政治、道德、经济也一样,都应有各种方法去钻研和实践。"

赤裸裸

"赤裸裸""净洒洒"等文字常见于禅录里，意即赤身全裸。身上不挂一丝外来物，保持身体原本的模样，这就是赤身全裸。

宇宙里非赤身全裸状态的，只有我们人类。虽说动物有毛、羽毛，松、竹有叶，栗子有带刺外壳，但那和人类的衣冠束带、官位勋章等等大相径庭。猫虽有猫毛，但猫的赤身全裸就是那般模样。跟栗子有带刺外壳、西瓜有瓜皮一样，都是从内部生长出来的、本来就具有的东西。剥去这些，教它们裸身，不成立。然而，人类身上却挂满了各种各样的东西，全都是从外部挂上去的。夏天冬天没法不穿衣服，可那头冠是戴来做什么的？那胸前发亮的东西又是什么？那正几位、前关白[1]可是你本来就有的东西？现在把这些东西统统抛掉，只穿一件单衣站在我们面前看看？怎么样？

逻辑、哲学、科学……以各种装束行走着的人，很是威仪堂堂。好似穿着大礼服结婚成家，又好似披起盔甲装饰观礼台。但出生时也只是"哇"地喊了一声，跟妻儿亲属说"再见"的时候，也岂不是冰凉的手被轻轻一握而已。

只有在活着（？）的时候，才在上下等级中浮夸地妄自尊大。上下的里边，有物质的东西、社会性的东西、知性的东西。而赤条条地来到这世上的我们，不时地回看过去，也许不无裨益。

禅问答大抵是赤裸裸地进行的，就像来一场相扑一样，所以能早早把话讲清楚。

僧："近期来到此处，望指教一二。"

师："哦，你是最近来的啊。"

---

[1] 日本在大化革新之后建立划分官位制度，包括最高的正一位至从九位十八阶。"关白"为摄政一职的官职名称。

僧:"正是。"

师:"你是个老实人,人前也不会有什么羞愧之处。"(心不负人,面无惭色。)

僧:"您说的是什么,我不明白。"

师:"近前来,说与你听。"

僧:马上往前迈了一步。(准备谨聆师训吧。)

师:"行了。"(你去吧!)

这就是赤裸裸的禅问答的一个例子。一问一答,看来天真烂漫。僧什么都不懂,"心,不负人"。和尚呢,什么都理解,赤心片片[1]。

不少人以为,不用些什么艰涩的文字,听起来就不够厉害。好像我们没了衣冠束带,看上去就不够威风吧。

问:"如何是禅?"

---

[1] 禅语"赤心片片"指诚心诚意真心待人,赤心即洁白无垢的赤子之心。

答:"摩诃般若波罗蜜。"

进云:"不会。"(说的什么,一点儿也不懂。)

答:"抖擞多年穿破衲,褴毵一半逐云飞。"

"抖擞多年穿破衲,褴毵一半逐云飞。"这种文字,只有汉文才写得出来。一个行脚僧,穿着破衣裳,踏上漫长的修行的路途,走呀走。身上的衣服都裂成一片片的了,破破烂烂,仿佛破絮要横飞。然后像那断片的云,不知道要飞到哪里去,在风里飘飘扬扬。啊,我这番模样!

加了注释看看,是不是这个样子?

贫穷和尚的这般生活就是禅吗?很像良宽五合庵里的生活。这就是赤裸裸净洒洒之处吗?

秋天来临,望着芭蕉叶裂开的样子,我总是会想起这一句。前些年去牛津时,看到有学生得意地穿着破烂长袍,任破布在风里翻飞地走着,居然也想起了行脚僧。紫衣红衣看上去都不如破破的墨染衣好,穿上去更有禅僧样,或许那是最接近赤身全裸的人的模样。

类似的还有一句:

"破烂衫里盛清风"

也深合我意。它跟茶的趣味有相通之处,所谓茶自禅中来,说的就是这样的地方吧。就像进入东洋之心的深处,相较于热闹繁华,不如说更多的是寂静。虽然我们知道一即多,但在多即一之处,我们的心似乎更容易被吸引住。

一与多

一即多、多即一，可人类的心理容易偏向其中一个类型。多即一类型的心理是动态的。静的东西是思想性的，动的东西是意志性的。无论动意志的人还是静想的人，都必须充分地了解一即多、多即一之处。在这一点上，人类如果没有什么贯彻到底的东西，就会死。活着，就是要领悟在"一"和"多"之间存在的持续不断的环状运动。推动我们去领悟的，便是禅。"推动"听起来很刻意，但它确实是起了作用。一旦付诸语言来表达，便会带有矛盾，而矛盾就如同禅的生命。

有僧说："我有一支箭，曾经久磨练，射时遍十方，落处无人见。"风穴和尚不以为是，他说："我有一支箭，未尝经磨练，射不遍十方，要且无人见。"

"一"支箭不管有没有经过磨练，总不失为"一"，只是必须被看见。那去看见的，就是我们人类，也就是"多"，是"活动"。看者就是活动者，并非看了以后才活动，看就是活动，活动就是看。并非没有看者，有。然而，这里的"看"是没有看者的看。"不见之见、无知之知"——这似是而非自相矛盾的叙述，多少描画出本真的约略形迹，也毕竟只是形迹而已。

我想再重复一遍：领悟在"一"和"多"之间存在的持续不断的环状运动便是禅，而当我们用文字来表现该领悟时，总是无可避免地出现矛盾。

赤身全裸、衣冠束带但又赤裸裸，说起来很是矛盾。在"事实"上，赤身全裸的仙崖和尚现在刚出浴，身上一丝不挂。前边的关白大人现在也正从大和绘中走出来一般，威仪堂堂、威风四散。然而我们却看见，仙崖和尚周围有光辉闪耀，关白大人的金箔一直在剥落。所谓"事实"，果然是矛盾的，并不只是文字语句上的矛盾。

或者我们还想试问，本来"事实"这种东西存在吗？

事实就是客观的事实，山是山，水是水。人们认为，如果没有事实，世界就不存在，人与人之间也不可能交流。真的如此吗？即使客观上有些什么存在着，那就是山吗？就是水吗？我的山并非你的山，你的水不是我的水，理当如此。因为我不是你，你不是我。但你看着我，我看着你。我的名字是"慧然"也是"慧寂"。

仰山问三圣："汝名什么？"

三圣："慧寂。"

仰山："慧寂是我。"

三圣："我名慧然。"

据说，仰山听毕，拍手呵呵大笑。

慧然、慧寂，你、我，山、水，客观、主观，禅反而不在其间。呵呵大笑的仰山的肚里，有清风拂动，这就是我们的禅观。

僧问："古人点土成金，是什么意思？"

睦州答："老僧不那么说。"

僧："和尚怎么说？"

睦州："金变为土。"

从禅者角度看，他们是把土变成金吧。而我们这些凡人，其实是把金变成土。但说到底，是什么变成什么都无所谓。觉得这是金子啊金子啊，不知不觉哪天就变成了土。而土若用得好，有可能胜过黄金。

且不谈那实际运用上的问题，我们大家都拥有本来具有的"一支箭"。只能说是"本来具有"，如果不那样说，话就说不下去了。我们在这里，其实是"本具底"已确定的措词。就风穴而言，那是"一支箭"。就哲学者、佛教学者而言，各有各的名目吧。不，他们早就冠以大量数不清的名目了。数不清的名目已令人目眩，不知道该取舍什么、如何取舍。人类的思想史，从头到尾不就是在巧立各种名目而已吗？禅者的方法是信手拈来，抓到什么便是什么。所以金也是土、土也是金，慧然也是慧寂、慧寂也是慧然，我也是你、你也是我，事事无碍。然后才有射穿其间的"一支箭"，然后那所谓的"一支箭"也成了个名字而已。

老子曰："无名天地之始，有名万物之母。"

无名之处是赤裸裸的，赤身全裸的。维摩一默[1]，孔子"予欲无言"。[2]天地混沌的古时，太平无事，已经很好。南洋土人赤裸裸，可能比"现代"的我们更懂得道理。北极的爱斯基摩人虽然身裹毛皮，据说还是保持着原始民族的混沌性。而我们，编入字典里的字年年增多，每过几年就得新编一本字典，难道我们无论如何都注定无法赤裸吗？人类的生死就是为了编写字典吗？永远地？永远地？

---

[1] 文殊问维摩如何是菩萨入不二法门时，维摩默然无言。稍后，文殊恍然大悟："善哉！善哉！乃至无有文字语言，是真入不二法门。"后人称"维摩一默其声如雷"。
[2] 出自《论语 阳货篇》："子曰，予欲无言。子贡曰，子如不言，则小子何述焉。子曰，天何言哉，四时行焉，百物生焉，天何言哉。"

或许我们就像那赛之河原[1]的小孩,一块块地堆小石头,然后被破坏、再堆、再被破坏。缝制各种衣裳又拆开,拆开后又再做、再缝上、翻过来、打补丁。这是人类生活——成千上万年的历史——累积起来,也无法停止的工作?每天有吃的,每天继续下去,我们的心脏受这神话般的痛苦折磨——各种痛苦——每天每天经受着,赋予我们新的感受性?是在进行死而复生、生而复死的六道轮回吗?这就是从天地之初便无法改变的人类的命运吗?

弥陀普度众生之愿由此而生,悲愿深重之故,"南无阿弥陀佛"。

禅者的一棒一喝也由此而生,脱却一切外来语,为了获得"无名"的自由:"赵州曰,无!"

---

[1] 日本传说三途川是阴间与阳世的分隔。三途川的河原称作"赛之河原",是比双亲早亡的子女,为早亡的不孝而受苦的场所。他们为完成双亲的供养,在河原堆石塔,快要堆好时,鬼会来推倒塔,于是再堆,再被推倒。所以"赛之河原"也有"得不到回报的努力""徒劳"之意。

禅的修行

有官员访赵州从谂和尚,

官:"和尚还在修行吧?"

州:"老僧已不修行。"

官:"和尚您若不修行,教什么人修行?"

州:"您这样的修行。"

官:"我这样的若要修行,做什么?"

州:"您岂不是正在修行。身为官人,不管什么日子也不顾寒暑,每天从早到晚为民众工作,哪里有胜似您这样的修行?要感谢您啊。"

官员听罢泪下，拜谢了老和尚深入骨髓的训诫。

如果到处都有这样的官员，天下就太平了。为人服务，粉身碎骨，这就是赤身的修行，除此之外还有什么"锻炼"呢？越执行"统制"，当局官员们放身舍命的大修行就越有必要，今天的这个时代令人感到最有必要。

想攀升官阶、想拿勋章、想在下属官僚和民众前威风凛凛，只要这些夹杂物萦绕在心间，官员就不是赤身的，只是身着衣装东奔西跑而已。赵州还曾说自己山上的石桥"度驴度马"，真正的修行就是变成这样的桥，度一切众生。

有人问睦州，禅是什么。睦州答称"猛火着油煎"，跳进滚油里，这是禅，这就是赤身修行，谈何容易。

入禅之门

既然说到了官员,就再介绍一则官员与禅和尚的会话,从这里开始听入禅之门也好。

和尚是睦州的陈尊宿,黄檗希运的弟子,是具有推临济、引云门入道的大手腕和识人之明的大和尚。对方则是睦州刺史,地方长官,就像现在县知事那样的大人物。

刺史问:"禅到底是什么?"

答:"近前来,近前来,请。"

刺史便往前进了一两步。

但禅师一反方才的和善,骂他:"什么?你这吹牛皮的!"

刺史不用说只能是愣在那儿。

然后禅师又平静地问他:"曾见什么人?"

  刺史:"曾见某某人。"

  禅师:"然后做什么?"

  刺史:"看了些经。"

禅师忽然敲了敲自己坐着的椅子问:"经中唤这个作什么?"

  刺史:"经中不说。"

  禅师:"经中道'治生产业与正理不相违背',你怎么看?"

刺史无话可答。

禅师又敲敲椅子问:"世间一般唤作什么?"

  刺史:"唤作椅子。"

禅师又突然骂:"你这个饭桶!"

不仅陈尊宿和睦州刺史的问答,禅问答大抵看上去都很难着手,给人被愚弄的感觉,令人手足无措。

据说陈尊宿经常编草鞋暗地里送给行脚僧,有令人感激的古德,令后人不自觉地颔首致敬。但面对地方的大官员,喝骂"吹牛皮""大饭桶",是什么人啊。与其说他有大骂提问者的怪癖,不如说提问者有被骂的"怪癖"或"缝隙"。他们本来就有浑身破绽,所以才来提问。唯识宗的大家、曾在殿前讲法获赠紫衣的学僧来访时,睦州和尚陈尊宿指着门扉问:"那是什么?"老学者说:"是色法。"就学者而言是非常有道理的答案。门是色法、有为法,虚空是无为法。但在禅有别生涯,睦州和尚立即打击道:"殿前讲法的老和尚,你不守五戒啊。"这说法其实极其过分,等于说"你别撒谎了",比说"大饭桶"还要狠,对紫衣高僧说,更狠。

可见,在睦州看来是说实话,而大家却认为很是不妥。禅不喜欢说实话吗?把黑桃叫黑桃,是非禅的吗?也就是说,客观事实在禅看来实为妄语?不把雨叫雨,叫什么?不把手叫手，叫什么？

把雨叫雨，没有错；听"近前来"的吩咐近前去，没有错。"喂"地被叫了一声，答一声"是"，大有禅意在。一敲钟就会听到"咚"的一声，一摇铃就会听到"叮"的响声，这听到的，都没错。只是，要将这些转作禅，须听未鸣之钟，须见未成雨之雨，这些都是天地未分以前、父母未生以前的消息。禅者认为，领悟不到这些，一切都是虚妄的皮毛。因此，在禅者看来，不管多么威风厉害的大官、学者、高僧，必然都是"大饭桶""吹牛皮的人"。禅者口不择言，用各种法子骂人、热嘲冷讽。

和尚问："你从什么地方来？"

行脚僧答："从山那边来。"

和尚："穿破多少双草鞋？"

这是在揶揄人，和尚心下想的是：只会这般回答的行脚僧，不管穿破多少双草鞋也没用。"踏破多少草鞋"，原文如此，是多么愚弄人的说辞。

但这并非心怀恶意的说辞，若有恶意就说不出这种话，它们是从赤心片片自然而然地流露出的。"从什么地方来？""西国。""说这话要被你家大和尚骂的！""从什么地方来？""东国。""你就编吧！"那到底回答从哪里来的才好？

"哪里来哪里去"——古今大谜！

台山之路

达摩被视为禅的先祖,在他之后伟人辈出将禅传承到今天,令人感激。今后希望能向世界推广这份东洋的精神遗产,大家共享其惠。所以我试着写下自己已经理解了的内容,等着后来者。

闲话休提。话说赵州从谂和尚有一个"婆子勘破"公案。虽然公案听起来有几分人造的感觉,也就是一件发生过的事吧。每次想起这则公案,我总会深切地感到我们应当感谢古人。

在通往五台山的途中有个婆子开的一家茶店。行脚僧们在这里稍作休息,然后再踏上参访五台山的道路,已经成了惯例。书籍上的记载是这样的:

台山路上有一接待客人的婆子，凡有僧人问台山路向何处去，她总答：

"蓦直去。"（向前直去。）

僧人向前走两三步时，婆子又说：

"好个师僧又与么去。"（和尚呀，就这么去了？）

不是讲到这就完了。如果仅仅这些，也就是平常事、老样子，没什么特别的吧。正因事情传到了赵州和尚的耳朵里，后来才成了公案。

书上写到，五台山途中婆子的事情一个传一个地传开了。

这件事也许传了很久，传到了赵州和尚耳朵里。赵州和尚听了以后说："好，待我去探勘这婆子。"他穿成个行脚僧的样子，往台山去了。然后也问了婆子："台山的路呢？"

婆子照例答："向前直去。"赵州也照例向前走了个两三步，婆子又一样说："好个师僧又与么去。"

赵州和尚不发一言，径自回到自己的山上，说：

"我勘破婆子了也。"（我已经勘破了婆子的心思。）

婆子一如既往，就像太阳东升西落。我们也是早起洗脸，晚上睡觉，天天如此不变，便是"好个师僧又与么去"。春来新芽萌，秋至黄叶落。破开樱木不见花，花期一到自然开。叫声"喂"；答个"是"。这不是"好个师僧又与么去"是什么？

虽然我们更多地可以称之为"知性"堪破，但其中还包含着道德乃至宗教性勘破的东西，相当于中核部分。那是什么呢？

我认为，该密意[1]里蕴含着东洋式人生观的精髓。从古至今关于这个话题有各种各样的看法，理所当然的吧，毕竟

---

[1] 密意：佛教语，指深奥难知的宗旨。

禅问答就是无法说明和解释的。一经说明和解释，就会失败。禅就是要让人们去体会领悟的，这里边有着禅独特的技术，可以说是最有东洋特征的部分。

东洋式人生观的极处便是"无功用"。简单地说，就是建功不居功。不光这样，若吃了苦头也依然是默默地。木工就当他的木工，官员就当他的官员，军人就当他的军人，教师就当他的教师，只管默默努力地工作，建功也不骄傲。何止建功不骄傲，若受抨击被杀也如此，若名声受污辱、被草苫子一卷扔到粪桶里也如此。

权利义务的思想、有功必赏有罪必罚的思想、因果报应的思想、机械物质的效率主义思想、物理力学的思想、经济损益的思想、广告宣传的思想等等——近来一直在我们身边絮絮叨叨念个不停的有象无象的主义、思想——一口气把这些东西一个个都抛到太平洋浪底去吧。然后会有海阔天空的东西从旧迹奔涌而出，活动开来。这就叫作"无功用"，是所谓担雪填井[1]的痴圣人。它不是空空寂寂,不是无知,不是袖手旁观。赵州和尚在这里,勘破了也。这也是所谓赤裸裸净洒洒的境界。

西洋的思想·道德·宗教总是存在着一个对象,人类本来就不是一种没有对象的存在。可是,东洋不看对象的"有",而看对象的"没有"。我认为,一般而言,东洋具有这样的倾向。如果东洋失去了这一点,东洋就会失去自身吧。但愿不至如此,那将是世界性的损失。

但很重要的是,切不可把没有对象理解为"但空",不可"无、无"地只见一切皆空。有人说,禅不过是在说"空"而已。因为般若说空,而禅又是出自般若。不可以这般解释。

僧问:"万境俱起时如何?"

---

[1] 担雪填井:喻徒劳无功,出自《五灯会元·智海平禅师法嗣·净因继成禅师》:"大似担雪填井,傍若无人。"

这是我们的日常生活，无论如何也摆脱不掉的。僧之所以这么问，恐怕是因为以为外边或许另有一个"无"的境界。

赵州答："万境俱起。"（非常彻底。想往外走才会滑倒。）

僧问："一问一答是起，如何是不起？"（他怎么都离不开"不起"，在寻找另外的"不起"，没有对象的生涯，他进不去。）

赵州说："禅床是不起的。"（我坐着的禅床不会动，你要在这你问我答之外找不起，那就禅床吧。）

听起来好像一种揶揄。万境俱起时万境俱起，而且其中也有不起。这就是人们所说的、想要抓住的"东洋的无"。

台山的路怎样了？"勘破了也"去了哪里？赵州健在否？若只说个"无"，不是禅也不是佛教，须有跟"无"一起勘破的东西，勘破又须是"无朕迹"的。因此，见而不见、作而不作，不能单纯从知性来看。须从宗教的角度看，才能领会"蓦直去"的无价值的价值。虽然也可以不去领会,但那可不是我们人类的世界。

有座山叫台山,有通往山上的路,路旁有茶店,茶店有个婆子。云水僧在茶店稍作休息,探问前路,然后放下茶钱。婆子躬身行礼,口念勉励云水修行的话。山上的禅者则操持些什么——就这般,禅得以传承到今天。

无功德

只单说东洋式、东洋宗教,不会懂。虽然怎么说都行,禅语录里颇有些果敢的说法,《临济录》就有:

"你言六度万行齐修,我见皆是造业。"

意思是:"你们自以为伟大的道德家,在我看来,你们的所作所为都是在积往来地狱之行。"

宗教有"众善奉行,诸恶莫做"的训诫。修六波罗蜜之行的人,最值得称誉。尽管如此,还称它为必定地狱之业,这是从什么角度说的呢?当然不会是"那就行诸恶,只要是不善之事,悉数去做",这说辞很没有逻辑。修善是通往地狱的行为的话，遑论行恶了。若地狱底下还有一层地狱，行恶绝对会一头堕落下去。

对梁武帝所做的一些值得钦佩的宗教行事，达摩一语道破"全都是无功德"。"无功德"还算好的，"地狱行"怎么办？

听《叹异钞》里说"善人尚可往生，恶人当然也可以"会汗毛皆竖的人，对临济所说的也会不以为然。能深透体会认知大概宗旨的人，会视之为"非常之言"，但不可能把它照搬给常人。

无事是贵人

《临济录》还有"佛与祖师是无事之人"和"无事是贵人"两句,也是学者的心病。无事是指什么?是发着呆什么也不做、不作恶也不行善的意思?但既然生而为人,注定了要做些什么。我们所做的事无非是这三种:善、恶和无记[1],总是无记,不偏不倚发着呆是不可能的。家里的猫抓老鼠、把邻人的鱼叼回来,都非善恶之业。价值批判是人的做法,在猫看来都是极乐之行。因为猫有猫的自然法尔,猫须"无事是贵人"。那么,人怎么做到无事?

评判善恶是人类专有的祖业,为何要挑它的刺呢?所谓

---

[1] 无记:佛教语。谓事物体性中容,不可记为善,亦不可记为恶者。(《汉语大词典》)

"勿心系无聊之事，任运腾腾[1]，腾腾任运，甚好"说的是什么？

真宗的人说"念佛者，无碍之一道"，因为善也好恶也好都不会妨碍你的净土往生。若真如此，这里好像也有无事存在。"无事"听起来像"发呆"，他力则被认为是依赖别人。如果不是一口气越过了该境界的人，就领会不到此中深意。因此不懂宗教的人，才会说宗教是闲人闲事，是国家眼下不需急的思想游戏，或者迷惑愚众的鸦片。这样的人是在厕秽里头出头没，而不知有花笑鸟鸣的春天。

---

[1] 任运腾腾：语出仁俭禅师语录，意即随性自在，不中拘束。

不可思议

禅是无事,真是无碍。禅是驴观井、井观驴,真是将无义当义。讲到净土往生、本愿成就等等各种各样的"法义"时,给人杂乱啰嗦之感。真宗和尚的头陀袋里好似装满了太多的瓶瓶罐罐,可真的打开一看,以为"这的确!"有义的,是"无义";以为通往净土的黄金大道,是"无碍"。实际上,连二河白道[1]也没有。以为有那些东西的他力信者,是不知道真正的他力信仰的、往生边地懈慢、疑城胎宫[2]的人们。这便是不可称·不可说·不可思议。

---

[1] 二河白道:欲往生极乐净土的人,从入信到往生的道路的比喻。"二河"指南方的火之河(怒的象征)和北方的水之河(贪的象征),中间是一条白道,一心前进即可到达净土。
[2] 边地懈慢、疑城胎宫:皆指极乐净土之边地。

我们很随意地说"不可思议",实际上"不可思议"四个字道尽了宗教领域。读了佛典的人,已注意到这个词频频反复出现吧。懂了"不可思议",就懂得一切。为了思议竭尽思议,思量又思量,怎么也走不出的时候,会有轻易翻身一变的时机,卷帘一睹别番天地风光,这就是摩诃不可思议的时机,梵语叫作 Acintya。

临济说"一刹那间便入净入秽",这也是真宗的精华。获得信仰的人们,不等死后往生。"现今用底"立即净土往生、往相回向[1],然后又是秽土却来、还相回向。去向遥远的极乐净土,然后又沿着去路返回此土,开始利他行,这过程是多么的缓慢。一刹那间能去到净土又回到秽土吗?如果不能,弥陀普度众生之愿也枉然,普度众生的本愿力也成假说吧。

一刹那往来净秽间,即连睁眼闭眼都来不及就去了净土

---

[1] 往相回向:回向是把自己积的功德,为了别人的幸福,转向给别人。净土宗认为回向有二:一是往向回向,回施自己过去及今生之功德于众生,而愿共生净土;二是还相回向,已生净土后,生大慈悲心,再回入此土教化众生。

又回到人间，然后又从人间去净土。这必须有阿弥陀的本愿力。对笃信绝对不二之机的人们而言，这种事情做不到，是什么样的不可思议，什么样的无碍。连讲自力的禅，都有临济在修行那个不可思议。他力的亲鸾[1]及一流的人们岂有做不到之理。做不到是因为自力之心未死。真宗的人们啊，我们为何不尝试乘着"南无阿弥陀佛"的他力，演示一下瞬间出入净秽的不可思议呢？

"不断烦恼证涅槃"，但真宗的人认为不死不得净土往生。这很奇怪，死了才净土往生的话，自力也好他力也好都能这么做。没有死了以后仍有烦恼、生死在身的人，如果有，那是还没死。普度众生的本愿的不可思议，是要在生死流转、为烦恼所苦的状态下，往生净土、证得涅槃。等死还不是他力，"不断烦恼得涅槃"已明示，就那么以烦恼未断的此身往生。没有烦恼等抽象的东西，烦恼就是此身原样，也不可称为背负烦恼者。这身体、这肉身、这形骸、这

---

[1] 亲鸾：日本镰仓时代初期僧侣，净土真宗之祖。

生身，就是烦恼，除此之外并没有什么叫作烦恼的东西。因此，不断烦恼的意思就是此身原样。将烦恼和此身分开考量的，是自力，不是他力。所以，真宗认为不断烦恼，即此身不死得涅槃、净土往生。

这并非唯心的净土。唯心净土、己身弥陀并非佛教至理。佛教认为烦恼是烦恼，而非涅槃；涅槃是涅槃，而非烦恼，必须说清楚。佛法的不可思议，就在于这种二者有着绝对的矛盾而"不断烦恼得涅槃"之处。为使人理解这一点，祖师费劲辛苦，因而令人感激。禅者所说的"佛魔俱打"，并非把佛魔看成一样。佛是佛，魔是魔，二者分明，而后二者俱打——这是禅，又是真。

毕 竟 净

净土是毕竟净,毕竟净说的是非净非不净。净土和秽土并不对立,真的净土已经从净土和秽土的对立中脱离出来了。而此处所说的脱离了对立,并不指忽视了对立、拒绝了对立、毁灭了对立。因为对立是消除不了的,照样存在。我们的思维常带有对立性,但原样保持这种对立,就会看到其间不对立的东西。缺了不对立的东西,对立本身就不会成立。这就是毕竟净的世界。换句话说,毕竟净存在于这秽土中。毕竟净不肯定也不否定秽土,可是也有肯定和否定,是无心的世界。

所以禅者说,一切处无心是净,得净之时,不得作净想。不把净当净来肯定,便是无净。得无净时,也不得作无净想，不停留在对无净的否定之上，便是无无净。因此，无心的境界便是毕竟净。这就是真正的净土。死后所去的地方还有相对性，脱离不了分别的境界。得分别之无分别，才会懂秽土是秽土也是净土。这也是所谓的自然法尔。不受紧缚的境界，说的可不是摇摆不定，其中有着极大的积极性，也因而有着创造性。毕竟净的世界潜在着一切可能，无心之时方能付诸现实。

布 施 却

唐代有一本书叫《顿悟入道要门论》(上、下),由大珠慧海所著。慧海是中唐人,出自马祖道一门下。这本被后代当作禅录的书读起来不难,现在都能找到木版的(汉文还是木版大字的好读)。这样的书应该让更多的人读,会更容易了解禅是什么。下文将会介绍其中的两三个思想。

"禅是什么",答案往往如下:禅以无念为宗,无念即一切处无心。

禅之用为智,智是知二性空。所谓二性空,是指布施却有无、善恶、爱憎等对峙观念,是布施却而且又没有布施却了的观念。这便是所谓的一切处无心。

听说日本的空也上人曾口中念着"抛却才好"穿街过

巷，他所说的抛却就是布施却。并非只有给和尚布施才叫布施却。布施却，在知性上是指抛却有关后世大事的理论结构，在感情和意志上是指抛却以为"这是我自己"的那个自己的一切。那就变得"什么都没有"了吧？"没有"和"有"是对峙的想法，所以以为"什么都没有"是还未布施却的证明。

据说大珠慧海首先是在此处找到了修禅的端绪。

了了自知

　　大珠慧海认为，仅仅布施却、发呆都不是禅，禅须是了了自知。虽说一切处无心、不住一切处，也必须有自知。此处的自知并非普通意义上说的知性觉知，也不是对对象物的认识。它是无分别的分别，是自己对自我的认知。而在认知自我时，并非认知者从被认知的自我脱离、与之相对，可以说是自我遵照自己去认知自我，这就是自知的意思。它是无分别的分别、分别的无分别，此外没有更好的语言表达方式。

　　知也被说成住，住是"居""在"的意思。《金刚经》有"应无所住而生其心"，说的也是自知。大珠慧海说：

"若了了自知，住在住时，只没住，亦无住处，亦无无住处也。"

只没住——这就是自知。只没，指的是就这样、就那样、照原样、不经处理等等，也写作只物、只勿、只么，都一个意思。这"只没"有自知，还有无功用之用，知和用都包含在只没里，意即只没的内容是知和用，以佛心、解脱、菩提、无生法忍等名字为人所知。

只么看

不管怎么讨论，结果还是不出"只么"哲学一步。虾跳不出斗，斗里也有人类在瞎蹦乱跳，却也跳不出斗外，最终以"如是如是"作结。要怨恨"神抛弃我了吗"，也得跟"神的旨意"联系起来。说放弃，听起来仿佛自暴自弃而且很消极。而说"如是如是"，则带有决断性、信心、积极肯定性，听了会大为安心吧。

"就这样净土往生"，他力本愿的基调也不出只么的领域。就这样无法作结，可能会吵闹、着急、狂乱。阿弥陀担心之余宣称"那是众人自力的技巧，把它扔掉就太平无事了，只要信我"。只要有自力便会带有判断处理，"扔掉它"意思就是改为原样的他力。他力是我无从下手的，无从下手之处即"照原样"。无从下手听起来很绝望，那是站在自力一方的人的说辞，无法去虚伪、除去判断处理的心。自然法尔存在着带有异常积极性的东西,"天上天下唯我独尊"只么哲学的主体在此。

南岳怀让曾经被慧能问了一句:"什么物怎么来?"(是什么东西,怎么来的?)他参究八年,才想到以下回答:

"说似一物即不中。"(说是什么都不对。)并非连一物都没有,有是有,但"这个不可得底"——换言之,只么,即"自然虚无之身"。

无圆周的圆

盤珪有诗:

"抽开旧桶底,愿有三界一圆相之轮。"

不能把它当作简单的无——但空来看,无圆周的圆并非无圆。有圆,只是圆周无限,因此到处都是中心。所谓到处都是中心,完整无憾地传达了禅的状况。大珠慧海曾有如下问答:

问:"如何是中道?"
答:"无中间,亦无二边,即是中道。有彼心、有此心,即是二边。外缚色声,名为彼心;内起妄念,名为此心。若于外不染色,即名无彼心,内不生妄念,即名无此心。彼此为二边,心既无二边,便无中间。此为中道。"

说得非常清楚,即在三界连一圆相之轮也无。"亲言出亲口",这话是从经验而不是从道理说的。

问:"心随境转,境逐心生。心境两忘甚处即是?"
答:"待你悟始得。"[1]
"待汝出网[2]来,向汝道。"

听起来很是漫漫无边。

心境互为限制,不可能出圆外。出圆外之时才有悟,即悟到圆非圆才是圆,而这无论如何必须有一回透网经验。

---

[1] 心、境问答出自《古尊宿语录》
[2] 出网、透网:三圣问雪峰禅师:"透网金鳞未审以何为食?"雪峰答:"待汝出网来,向汝道。"

思维无法分别的东西

提起禅的终极规则，如果死后的如此这般非答案的话，那么它可能就是简单明了的。但实际并非如此，也许简单，却相当的不容易。也许很清楚，正要细看时却更晕了。

生死明了，不生不灭不明了，因为我们总置身于分别的世界，没有机会进入被否定的世界。而盤珪认为，刚"出生"时并没有生死的迷惑。随着年龄的增长，迷惑才一点点递增，难以驱散。我觉得很可能是那样，幼小时没有大人才有的"分别"，想哭就哭，要尿尿就尿，人前人后都不介意。但随着成长，分别、用心、炫耀等东西不知不觉不断运作，再上了些年纪就病入膏肓，无法治愈。

用心跟对"生死的分别"的迷惑，可能会被认为是不同的。然而它们根本的出处是一样的，都来自人类智慧的分别性。正因为人类具有这种特征，才会对什么都加以分别、分别又分别。分别也是分析，"理论"由此而生。一旦开始这种作业，人们就无法认知到——"灵妙"的人类智慧无法穷究幽微，然后自己沉入深深的沼泽。善泳者溺，善思考者更纠结于物事、不辨是非。欲对此施救的，便是禅者的大悲。

分别是人类天生的，然后又因分别，反陷入作茧自缚的困境，这是人类意识的悲剧。但正是这个悲剧给人类带来难以言表的福祉，即大悲心的激活。

思想者主动地投进纠结中，因为那是他们的使命。相反，修禅者是从纠结中走出，或者潜入纠结的最底处，一举究其根底。因此，可以说禅者所做的事情简单而基本。他们并不擅长写难懂的书，虽然他们的话总是警句式的或像谜一般高深莫测的。那并非他们的喜好，而是不得已，就像桃之为桃、猫之为猫。

翠微无学是丹霞山天然禅师的弟子，丹霞天然禅师，以冬天烧木佛取暖而出名。有一天，无学上膳敬供罗汉时，有

和尚发问:

"您师父丹霞禅师烧木佛,您却供养罗汉,这是为何?"

翠微无学答道:

"烧也烧不着,供养亦一任供养。"

什么意思呢?有一次和尚又问:

"供养罗汉,罗汉会回来接受供养吗?"

翠微反问道:

"你每天还吃饭吗?"

这和尚是罗汉转世吗?他无话可答,翠微和尚接着说:

"世间少有伶俐的!"

翠微和尚所说的"烧也烧不着,供养亦一任供养",一句话道尽了禅的生死观。有烧也烧不尽的东西,也有死也死不了的东西。换言之,生死之中有不生不死的东西,那并非生死之外另有的,就在生死本身存在。我们以分别来看生死,那无法分别的东西虽然被当作生和死来看,其实正是不生不死的东西。烧也烧不着,入水不沉、入火不着。

那么,哪儿有那样的东西?很有可能被认为,它只不过是抽象的、概念化的传言而已。然而这一来,有可"亦一任供养"的东西,不是很奇怪吗?若是抽象性的幽灵,应该不吃饭的。可发问僧人的罗汉,不还是每天都吃得饱饱的吗?看那无语作答的样子,必是无疑。

这里要说的不是任何东西都平等、同一。平等、同一的想法是佛下凡的最大目的吧。连很多佛者都怀抱着该想法,都说值得感谢,令人难堪。罗汉是罗汉,翠微山的和尚是和尚,问僧是问僧,各守其"个",互不相犯。但罗汉一任和尚供养,也被丹霞烧得不留一片舍利子。钟声一响便扔掉劳动中的锄头奔向食堂的是云水和尚。在说着生、死的世界中,能感觉到有什么别的东西吧。禅者的目光总是倾注在这样的地方,时有荒诞矛盾的答案脱口而出。没办法,因为他们跟问者不在一个次元。

毕竟在

韫光大德向大珠慧海提出各种问题求教，大珠都明明白白地回答了，最后大德问道：

"很多我都知道了。那么毕竟处，应该什么都没有了吧？"

原文是"若如是，应毕竟无所有"。从对峙的立场，所说的一个个被否定，不是这样、不是那样，会生出大德所说的结论吧。然而那其实还未脱离对峙立场，大珠是这么答的：

"毕竟是大德，不是毕竟无所有。"

意指："大德，你毕竟并未失却你之所以为你。名叫大德的'个'俨然在，怎会无所有、什么都没有？"

如果青青翠竹是法身、郁郁黄花（菊花）为般若[1]，般若就是无情的，法身则与草木一般。那等于说吃笋的人，吃的就是法身了？真的是吗？这便是所谓的泛神论吗？

佛教不那么看，禅也不那么看。笋就是笋，不是法身；跃于潭的是鱼，不是般若。这必须严加区别，不可把个的世界涂成一种颜色，然后从中看"无"的世界。不在生灭之时求不生不灭处，维持个的原样，从中看非个的东西，这就是禅的理论。

"毕竟大德俨然在。"

禅的入处，必须是从这"毕竟大德在"之处。这是个，同时又不是个。所以很难把握，不可得、不可思议。"千圣亦不识"，"我不会佛法"。然后在这不会、不识之处，有了一点自知之时，便是有了入处。"大德在"不可只作静态而

---

[1] 语出《大珠慧海禅师语录》中记载的华严志："何故不许青青翠竹尽是法身，郁郁黄花无非般若？"

应该当作动态来理解,如果不那么理解,就不会懂得禅的作用。

有一天药山惟俨正在坐禅,石头和尚看见了就说:

"你在这里做什么?"

药山答:

"什么都没做。"

"那即是闲坐了。"

"如果是在闲坐,就是在做着什么了。"(若闲坐,即为也。)

即便药山这么答,石头和尚也没那么轻易作罢:

"你说什么都没做,那个没做到底是什么?"

(汝道不为,且不为个什么?)

禅本来就是一片苍茫无要点可抓，但这番问答逻辑上倒是相当严密无缝。坐禅的药山怎么答的？他说：

"千圣亦不识。"

（找多少圣人、贤人、哲学家、逻辑专家来，都没人知道。）

什么都不懂就无法突破界限取得进展，然而对人类来讲，那原本无法突破界限之处就是突破界限之处吧。

只么行

石头希迁看到弟子药山成熟老练的解禅,就用以下诗偈道出了上述问答的主旨:

"从来共住不知名,任运相将只么行。自古上贤犹不识,造次凡流岂可明。"

(一)"至今"可以说是旷劫[1]以来,一起生活这么久,却不知其名。(二)顺其自然,就寝、起身后都在一起,终日不离;举手投足间也不离不弃。(三)从前的圣贤一直也不

---

[1] 旷劫:佛教语,指久远之劫。

知那是什么。(四)更不用说今天的我等凡夫俗子,把它引到分别的世界,谈何容易。

石头诗偈的中心当然是在第二句。任运两字用得很好,怎么翻译成日语好呢?直译成交给命运,还是应该译成就那样、就那么运作?接下来的"只么"意思也相同。就这么原样不动。"相将"是"相率"共处、结伴而去。不可识、不可思议、不可称底,跟可识、可思议、可得底在一起,一起产生作用、一起付诸行动。"相将"和"共住"两句,道尽了生灭与不生不灭、烦恼与涅槃、娑婆与净土、差别与平等、否定与肯定的关系。"相"且"共",两个都有。不是分成两个、各自为营,它们有不可分离的关系。个,并非被吸收成一元化,个与一元共存。而一元并非与个相对的东西,个即一元,一元即个。所以才"相将只么行"。

中国禅史上的三祖名为僧璨,著有一篇五百八十四字的《信心铭》。该文深得佛教之要,至今仍常为禅门说法所用。僧璨是距今约一千三百年前的人,大概是圣德太子时代前后。在《信心铭》中有四句:

"欲知两段，元是一空。一空同两，齐含万象。"

很好地道出了上述"相将""相共"所指的境界。《信心铭》里还有"二由一有，一亦莫守"两句，把这两句跟前边引的四句理解透彻了，对禅思想就能多些了解吧。

"两段"指的是个的世界，对个的思考总是分段性的。然而个并非个在的东西，其体为一空或者一元。"体"这个字，有时很是模糊不清。不妨这么看：不知名也与个我相共、相将、任运、日夜只么行——从其自体来看。一空与两段的个是同一种东西，并非个之外有一空（或一元），也并非一空之外有两段。如果有，一空就成了两段的个。一空与个是异且同、同且异的关系，因此"个"即万象、一空，一空则是包含了万象的一空。包含指的是，一空在万象之外包裹着万象，它比万象宏大、深远。同时，它又穿行于万象之中，是太阳，是月亮，是我，是你，是草木，是山岳。

禅者不是在把这些当理论阐释，而是以自己的体验为主体，通过分别知，付诸文字表达。然后思想家再从专业的角度，为之建立思想体系。

禅者的分别知往往只在一、两、元、空等文字上打转，不如说是哲学性的禅。禅境则由更为具体直接的文字来表现。直觉性是非知性的，它并不明显地借用理论的结构、阶梯，而是一口气直接如实地描写事实。这种如实描写里带有知性倾向和情意、文学性倾向。

石头希迁和尚在一次说法中说过："言语动用勿交涉。"

意即禅的终极规则是无法用语言文字来表达的，想用动作来表示也做不到，也就是说动口动身都跟禅"勿交涉"（没交涉）。对此，药山惟俨说道：

"不言语动用亦勿交涉。"

他加了一个否定词，从与石头和尚相反的一面来阐释禅。表面上是在否定石头和尚，心里却在肯定。从禅意上看，否定即肯定、肯定即否定。这一来，就完全不懂普通意义上的意思了吧。言语动用中有禅，不言语动用也有禅，不管怎样都是勿交涉，那么禅究竟在哪里呢？禅者这时就会用上一种譬喻法。

石头和尚说：

"这里针劄不入。"（针尖也刺不进去。）

药山惟俨道：

"这里如石上栽花。"（仿如在石头上栽花。）

从文字表达上看，针尖和栽花毫无关系，然而二者都道尽了禅境的本质。

禅意识的三个方面

禅境、禅意、禅理，是禅意识不可分割的三个方面。禅境指体验的内在状况，"石上栽花""针劄不入""万里一条铁"等，是禅境上的表达。禅意则是前文提到的"若闲坐即为也""言语动用勿交涉""我更不会""佛无知见、知见乃魔界"等表达方式。可以称之为理论，也可以称之为禅境。然而，从文字上看，禅境的文字无法着手、无法强辩，禅意的文字似乎可以加上些道理，可是未必能那么区分禅境和禅意。

禅理是佛教教理。有人可能把禅理理解成华严式的，有人可能把它单纯地理解成般若的解释。如"二由一有，一亦莫守"可谓禅理。我们可以把禅理当禅哲学，那么再重新思考一下，禅理跟禅意又好像也是不可分割的。"以无念为宗""即心即佛""心外无别佛、佛外无别心""森罗万象一法之所印"等等，说是禅理似乎更合适。但是，在禅理之外，好像也还有可以称为禅意的部分，即行走在禅境与禅理中间的东西。

这是我突然想到的一点，需要继续往下研究研究。

百丑千拙（看经礼佛）

禅在唐代兴盛之际，有一些形迹令人感觉到，看经或读经当时在禅寺也许很受轻视。当时提倡不立文字、教外别传等，盛行顿悟之说。因而看经等自然被当作愚蠢的事情，以一副令人起敬的样子看经读经，被认为是奉迎众愚的行为。黄檗看经，用"什么啊！这盲目乱信的和尚"加以鄙视的，是临济。连临济禅师都曾有这种感觉，其他的也能推想出来吧。

药山坚持看经，他的弟子柏岩有次看到后说：

"和尚您看经啊，是为了受人崇拜么？"

药山并非受了揶揄马上辩解的弱将,他不作直接回答:

"几点了?"

语调仿佛空中拂过的风,询问日头的早晚。柏岩受其牵引答道:

"已经是正午。"
"犹有文采在啊。"

药山并不表明自己对看经的态度,又好像失去了对时间早晚的关心,直接给问者的禅境下了判断。问者也立即手忙脚乱地自我辩解:

"我还没有叫作无的东西。"

师父与弟子之间的差距更加一目了然了。

"你呀，愚笨又聪明。"

这是药山寸铁刺人式的评语。柏岩只得认输，自己再也说不出什么，只好请和尚明示自己的境界。

"老僧没有你那么聪明，只是每天每天重复着没意思的事而已，没什么长处。"（我跛跛挈挈，百丑千拙，且怎么过。）

药山还有一则看经的问答。有僧问：

"和尚寻常不许人看经，为什么却自看？"

药山答道：

"我只是在眼前放着经书。"（我只图遮眼。）
"那我也学和尚，如何？"

"你们要学我和尚,不可。你们须有看透牛皮的眼光。"(若是汝,牛皮也须看透。)

后人有名叫长庆的禅者听闻后评道:

"眼有何过。"(说什么遮眼,什么穿透牛皮,尽批判眼睛,到底眼睛有什么过错?)

后来又有一个叫玄觉的,对长庆加以批判:

"这又是为何?长庆要解药山心思,又未解药山心思。"(且道,长庆会药山意,不会药山意。)

这跟接下来要说的黄檗与"大中天子"的问答,内容上看似不同,但最后的指向其实都回归一处。"大中天子"是唐宣宗,宣宗还沉潜在市井之际,在盐官禅师的会中遇到黄檗并一起修禅。有一次他看到黄檗在佛前礼拜,便致以一掔[1]道：

"经中有'不著佛求、不著法求、不著众求'，您这礼拜，是为了什么？"

黄檗听毕静静地打个招呼，说道：

"不著佛求、不著法求、不著众求，常礼如是。"
（没什么，我常常这么礼佛。）
"用礼何为。"

挑战逼来，黄檗无法沉默。与最初的静如处子相反，这次疾风迅雷般"檗便掌"，啪地朝大中天子的脸上打了一巴掌。大中吃了一惊质问道：

---

[1] 一掔：禅林用语，一挨一掔，学人与师家互以言语动作，或轻或重，推挤问答，勘验对方悟道之深浅。

"怎么那么粗暴？"（太粗生。）

黄檗并未退却，态度反而更强硬了，他说道：

"这里是什么所在，说粗说细的空当何在？"

（这里什么所在，说粗说细。）

说着又给了大中天子一巴掌。

不只是看经、礼拜之类的事情，也需要确认以上诸禅者的立场。不懂他们的立场，就完全无法了解药山的眼睛问题、黄檗的一掌、其他禅者不可思议的言行。黄檗已经用自己的语言说明了这一点：

"终日吃饭，未曾咬着一粒米；终日行，未曾踏着一片地。与么时无人我等相，终日不离一切事，不被诸境惑，方名自在人。"

这说的是什么呢？是在无分别的场所分别。《金刚般若经》等所说的，一切法无我相、无人相、无众生相、无寿者相，就是这个意思。那么一切皆无？不，有我有人，又须无我无人。无我无人，又须做到有我有人。

文殊才起佛见，都立即被贬向二铁围山。稍有瓜葛，就已经不是禅了。必须是绝对他力，所以临济才说："佛法无用功处，只是平常无事。屙屎送尿，着衣吃饭，困来即卧，愚人笑我，智乃知焉。"

有呼必应

"喂"地喊一声,"是"地应声答。这种指示禅的本质的实例,在禅录里随处可见。这是悟禅最为直接的方法之一吧,但也须作冷暖自知的理解。虽然禅的直觉性很像感性,可不应该把它们混同。冷暖自知是自知,但这自知未必是禅的直觉。后者来自比感性自知更深的地方,也就是父母未生以前的状况。有不叫乌鸦的叫声,有不焚线香的香味。"喂""是"之间,没有了禅的直觉就不会成禅。希望这种区别能得到好好的领会。

终南山的云际禅师在南泉门下时,问过:

"摩尼珠人不识,如来藏里亲得收,如何是藏?"

这里引用的六言、七言两句，收在永嘉大师的《证道歌》里。如来藏可以说就是心。南泉和尚答道：

"与汝（每日）往来者是。"
"不往来者如何？"
"亦是。"

云际继续问道：

"如何是珠？"

南泉便喊道："喂，和尚。"云际马上"是"地应诺一声。然后南泉说：

"不行，你不懂我说的话。"（去！汝不会我语。）

而云际从此便信入了禅。

紫玉山的道通是马祖道一的弟子。有一次于頔相公问他:"如何是佛?"道通立即唤一声"于頔公",于頔便"是"地应诺。道通说:

"更莫别求。"

有和尚听闻此事,便到药山处,向他转述。药山说:

"缚杀这汉也。"

和尚说:

"和尚如何?"

药山于是也跟道通一样,"喂"地叫了一声和尚的名字,和尚也立即"是"地应诺。

"是什么。"

药山迅速追问。

宣州刺史陆亘向南泉参禅,有一次这么问他:

"古时候,有人在瓶中养鹅,鹅渐渐长大,在瓶中极不自由。养鹅的人不想打破瓶子,又不想让鹅死掉。和尚,怎样才出得来?"

南泉迅速唤一声:"大夫!"大夫"是"地应诺。南泉立即说:

"出了。"

日本播州龙门寺的盘珪禅师是一位现代巨匠,前来听他说法的人非常多。附近法华寺的和尚对此很不满,说:"什么啊!那个禅和尚,哪里会懂什么佛教!"虽然如此,众人也不会离开盘珪禅师。然后有一天，法华寺的和尚入席听盘珪说法，听到一半突然大声怒吼起来：

"别人为你的说教折服，我可不想听。"

盘珪禅师停下说法，朝喊声传来的方向说：

"请更向前来一些。"

法华和尚便向前，盘珪又说：

"现在请再往前一些。"

然后和尚便又稍微往前滑步。
盘珪立即说：

"您这不是听了我的话吗？"

顽固的法华和尚，只得丢盔弃甲败下阵来。

禅的独立性，可以说并不在于通过讲道理让对方屈服。道理一定是和道理对抗，从道理的性质看，一辩一驳一般都没有结果。即便明显地输了，也会有好似并没输干净的感觉，愤愤不平按捺不住。但是，"喂"地喊一声，"是"地应诺。亲见眼前事实，毫无办法，只能屈服。禅的优势就在这里。

唐朝的裴休相公是参禅人士。他还是地方官的时候，去拜访一座山寺。偶然间看到一幅壁画，便问："是哪位？"山寺的主事答道："是某位高僧的画像。"裴休又问：

"画像在此，高僧在何处？"

寺内众人没有一个人答得出。裴休说："诺大个寺院，应该有能回答的禅者。"让人去找。

然后，有个和尚说：

"最近有一个来寺院里扫除庭院、擦拭堂内的做打扫的人,好像是个禅和尚。"

"那请叫他过来。"

如裴休所愿,那个人被找来了。裴休看到那个人非常高兴,说道:

"刚才我有问题请教,叨扰了大家。很可惜没有答案,自己很苦恼。您能替诸位回答一下吗?"

扫除的和尚问:"是什么?"于是裴休就讲了事情的经过并求答案。这时候,和尚朗声叫了一声:

"裴休相公。"

裴休立即"是"地应诺。

"那个人在何处？"（在什么处？）

这是禅和尚提问式的回答。据说，裴休当下便领会了禅旨。

禅的直觉性

禅的直觉性如人饮水冷暖自知,因为它具有感觉性般的直接、切实、无碍。但不能把禅的直觉性和感性的直觉混同起来,不是见闻觉知处有禅,禅还有别的生涯和境界。那禅跟见闻觉知没关系了?并非如此。禅离不开见闻觉知,但不可说见闻觉知之外无禅。这一点,必须把握清楚。

有僧问首山省念:"一切众生皆有佛性,为什么我不识?"

首山说,"识"。

这里又可见汉文的不彻底性,令人头痛。说的是"去识"?"识得"?还是"不识"?哪个都有可能,但在这里,作"识得"解,即"都各自识得"比较妥当。

应当这么理解这番问答:一切众生皆有佛性,指的是众生各自识又不识、不识又在识。另外，问僧并没把一切众生有无佛性、识不识当作问题，他把问题更为切实地落到自己的个之上。如果一切众生皆有佛性，为什么我自己没有自觉到呢？该怎么唤起那种自觉，是问僧发问的缘由。这不是具有哲学普遍性的问题，而是颇有个性的问题。所以首山所说的"识得"，不指"一般人普遍识得"，而是在明示问者，当问者自己说"不识"的时候，就已经有"识"了。首山也没把这发问当成哲学问题来处理，问者和答者都是就个之上的事实，作了一番切实的问答而已。

这里又当领会到禅的直觉性。"喂"地唤一声、"是"地应一声所说的，就在这个佛性识不识里。如果单纯是一个抽象的命题，就不会那样直接。我们所说的禅对见闻觉知欲离不离的原因，就在这里。

古禅者说道：

"尽乾坤大地，只是一个自己。寒则普天普地寒，热则普天普地热，有则普天普地有，无时普天普地无，是则普天普地是，非则普天普地非。"

可以理解为"万法唯心"或"心外无法"，禅语的具体性在此更为鲜明地表露无遗。它不言心不言法，说"尽乾坤大地"，说"一个自己"，然后将寒热的感性、是非有无的知性，全部直接带到普天普地之上。个、普之类，都不是哲学上的问题。寒热的感觉、有无是非的知性判断，也不是心理学或逻辑学的研究对象，而是直接被当作个的各自的经验事实。因而连有无是非的问题都失去了抽象性、逻辑性，作为自己的经验，普天普地变成是、非、有、无。跟感觉到寒热时一样，寒时寒杀阇黎（僧），热时热杀阇黎[1]。一个阇黎便是普天普地，普天普地就是一个阇黎。禅的直觉性与个性就在这里。

"尽乾坤大地，只是一个自己。"

---

[1] 洞山良价禅师语，语出《古尊宿语录》。

从"一个自己"哲学地逻辑地抽象化、从普遍适应性角度加以讨论的时候，就没有禅了。如果不懂个中区别，还有雪峰义存的一句：

"尽大地是沙门一只眼，汝等诸人向什么处屙。"

将它与前文的声明比照，就应该会认知悟得禅语之所以为禅语的地方吧。

我们该记住，禅所说的个，不是感性或知性上的个。然后会懂得禅的直觉性不是冷暖自知的。因而仅在冷暖自知之处是没有禅的，也不是说在离开冷暖自知之处才有禅。因为生命本身不会存在冷暖不自知，更不用说禅。尽乾坤大地，须是一个自己。这自己个的经验中，有禅的直觉、禅的冷暖自知。而这冷暖自知是普天普地性的东西，并非我们通常所说的感觉性的东西。这一来，可能就读得懂黄檗《传心法要》里的句子：

"学道人唯认见闻觉知施为动作,空却见闻觉知,即心路绝无人处。但于见闻觉知处认本心。然本心不属见闻觉知,亦不离见闻觉知。但莫于见闻觉知上起见解,亦莫于见闻觉知上动念。亦莫离见闻觉知觅心,亦莫舍见闻觉知取法。不即不离、不住不著、纵横自在、无非道场。"

"见闻"是感觉上的分别,"觉知"是知性上的分别。但在只有分别的世界里是看不到禅的,必须跟这分别不即不离地跳入无分别的世界,方能把握到禅的直觉性。

《损翁禅话》、天桂的《报恩篇》等,是针对误传了盘珪不生禅的人的辩论,很有道理。光听听乌鸦叫、把人打得生痛来领悟不生,大错特错。不生沉着在更深更深的地方,没意识到这一点的话,我、他人从早到晚听乌鸦叫,也听不懂不生。须在无分别之处悟不生,光有一呼即应,也看不到观音妙智力施法。无论如何此处必需一个"知"字,那是无知之知、无分别之分别,是佛者称之为般若的智慧。

独露身

"万象之中独露身,惟人自肯乃方亲,昔年谬向途中觅,今日看来火裏冰。"

不是万象之中有独露身,而是万象之中就是独露身,万象即独露身。是"尽乾坤大地,只是一个自己",也是"尽大地是沙门一只眼",还是"乾坤只一人""天上天下唯我独尊"。无论怎样都要在个之上自我肯定。从哲学的角度,当另作阐明。禅则不谈普遍妥当性,而称"乃方亲",或普天普地之寒热,都是当作个之上的经验事实来谈。至于妥当性等别的哲学性的文字,则交由专家来处理。

因此,禅没有理论性,没有思维的精确性。说它非常模糊不清,也是对的。读的人从自身体验去读解,所以深浅长短广狭，都因人而异。并没有二二得四那般，谁人都识得都认准的情况。所谓禅语的妙味无以尽，需要读者自己使出浑身技巧去碰撞，在文字中看寻自己。又或者，自己被比自己庞大深远的东西所驱动，在其中描写自己。没有无限的兴趣无以为继，因为要探究的是创造的自由性身后那深不见底的东西。

因而禅语甚短，甚至一个字即可。如云门因此有名，关、露、普，就用这样的字来打发。猛一碰到这样的字一头雾水，然后解释的人又因人不同而加以不同的解释。所以禅常强调所谓以心传心，圆悟禅师有偈：

"少年一段风流事，只许佳人独自知。"

这不用说，当然是"以心传心"。

谜

法眼宗的文益是五代时期的人。法眼宗在中国禅宗史上起了重要的作用,并将禅传入朝鲜且推广开来。有一天文益上堂说:

"虎颈上系着金铃,谁人能解?"

听上去像我们平常互相猜的谜一般。老鼠聚在一起想出了给猫系铃的办法,如此一来听到铃声便知猫在靠近。问题是由谁来给猫系铃呢?好不容易想出来的妙计就这么告吹了。法眼的提议,听起来跟这个有相似之处。

大家穷尽智慧提出了对策,都无法令法眼满意。然后有

一个叫作泰钦的人从外边回来了。法眼马上把刚才的谜讲给他听,泰钦毫不犹豫地说:

"那解铃还须系铃人。"

金铃有如人间烦恼也如生死,有人要努力从中挣脱出来,可怎么做才能获得自由和解放呢?这问题一天天膨胀起来。

用生死绑住我们的,是谁?为什么我们会被烦恼所困?烦恼又是谁的烦恼?它们到底在哪儿?虎颈金铃是那既存的事实?都没有谁系铃,有啊有啊地心中执念着,才会心生恐惧不敢伸手。从头到尾都没有什么老虎和金铃吧?系铃的人、被绑者,也从头到尾都不存在吧?或许那系铃的主人公就是自己,只是自己浑然不觉呢?这一来,法眼的问题就不该仅用顿智来解了。

禅宗的公案,要说是谜也算是谜,只是它不能用顿智解而已。或者可以说,它不应当用顿智来解决。大灯国师在三条的桥下跟乞丐们住在一起时,听说有西瓜的供养,正待从菰草衣下伸出手取要，当差的却突然收回手，说"用无手来取"。大灯国师旋即答道"用无手递过来"。这一句便漏了马脚，据说后来只得受命当了大德寺的创立者。无手的施受是个颇为有趣的谜，在围绕西瓜的行动过程中达成了否定与肯定的交错。这个谜看似浅近，却深含着道理。

指柱问是圣是凡。在禅意识中无论什么对义词，都可视为在指向某些事物肯定面和否定面的交错、淆乱。指柱问圣凡也一样，"凡"是否定的话，"圣"即肯定。不把手叫手叫别的，也同理。后者很明显地一个是肯定一个是否定。禅意识试图在这两个方面之外，掌握行为上的自我同一性的本质。大灯所说的"九九，八十一"，便是否定即肯定、肯定即否定。

类似的在公案中有很多，都是在努力让我们从日常分别见中得自由。分别中有肯定、否定相随，白与黑、善与恶，都朝向对峙的世界。不管怎样必须从这个分别的圈子里跳出来一次。禅与理论不相容，说的就是这个意思。一方是分别，另一方是分别的无分别。禅谜的解决办法是，先从无分别的角度看所有的分别,掌握解决问题的钥匙,即"怎么怎么,不怎么不怎么"。这并非在混融肯定和否定,而是在行为上消解二者,是"一一拈来更无异见",也是"见山是山,见水是水"。

所谓谜,大抵是不可解的命题,又或者是不知为何无法解答的问题,往往因为其中包含着某种形态的矛盾。不把手叫手叫什么,一问之下,便成谜。手本来只是手,正面否定再横刀相问不是手是什么,这否定令人震惊,知的分别也要瞠目结舌。自入迷宫,陷入无解困境,禅公案显然就是谜。

伸出手说"我手何似佛手",或伸出脚说"我脚何似驴脚"。口称凡夫的手是佛手、人的脚是驴脚之际,便孕生了一种否定。可能有人会说,此处的否定是以文学的方式表达出来的,所以才有些模糊不清,但反正全都是谜。

禅问答的谜,突破知性的本质,换成知性的基础,警醒我们。因此,它有着严肃认真的部分。正如大灯国师的西瓜施受,看似一个机智的问答,实际上是一个关于我们的存在本身的谜,绝不可草率地对待。

谜的外形，空间上有大小、时间上有长短，无论怎样其本身有着不可思议的魅惑力。说到手、脚，令人觉得不那么重要，但扩大到身体的全部、生或死等等，就变得相当重要了。然后更进一步，到了天地、宇宙、神、创造之谜，自己便会不由得低下头来。但不管是理论的、哲学的或者宗教的东西，往下推进，懂了一指之禅，其他的谜便全都能一个个迎刃而解。

雪峰"劝人"说：

"人人尽有乾坤眼，莫随妄情颠倒窥，恒沙国土总吞尽，吞尽不我何旨旨。"

这也是个谜。探究其理论思路，不合条理之处很多。虽然如此，能感觉到有什么东西在把这二十八个字缝合起来。那吞尽三千世界却不是我的东西是什么？乾坤眼安放在何处呢？

专门词汇

真宗的人们如果不用属于净土系的专门词汇，就无法谈宗教。也许不一定如此，但在他人看来，就是这种感觉。不管什么，如果不提他力、本愿、净土往生、弥陀的拯救、名号等等，就好像没有宗教一般。

神道的人们也一样，如果不用其道中特有的词语，灵性生活就变得好似无意义。禊、祓、秽、神篱、产灵，还有其他的古典诸神如果不抬出来，就会被认定为不像"日本人"的日本人。

二者听起来都似乎有其道理。但在我看来，二者都给人把广阔的世界变窄、把好的世界变坏的感觉。

看见邻居露个脸，不能说声"早啊"就完事吧。如果像今天这般暖和,"一直这么暖和,今年是个丰收年"地寒暄一下也做不到吗?

必须出门四处行脚修行的弟子,去向师父告辞。师父说,"你也得外出修行啊",送至门前。到了告别的时刻,师父望着弟子的背影,"喂,禅和尚!"地叫回他。弟子神情自若地回头,师父又说:

"路上要小心啊。"

弟子正欲行礼致谢,和尚已赶紧折回方丈去了。

极乐往生、南无阿弥陀佛、幸魂、荒魂,什么都没有。说着"好,再见""每次都辛苦你了"生活着的老和尚,都没有任何宗教吗?不恭请八百万神明中的谁来,话就说不下去了吗?这位和尚去往净土会变困难吗?

宗派使用宗派的既定词语也好,不用的话,当然也有可能会出现彼此言语不合的情形。但是,一旦稍微偏离了概念,就张皇失措,不知如何适应,也很普遍。原因在于,规定好的概念就像机械产品一样，精确地符合规格。但不在某些地方做些调整，就无法灵活变通。也就是说，产品只适用于有条件限制的地方，它并不兼具弹性、伸缩性、圆融性等等。所谓纳须弥于芥子、过去未来尽收一刹那等等，我们都无望在机械产品中找到。一言以蔽之，概念不是活着的，它原本就是不会动的东西，它有它的特征和便利之处。但无论何时何地，都得嵌合规格、受规格制约的话，人将不人了。无论怎样，人都是无法摁在模型里的。人是做模型的，被模型做出来的不是人，只是人偶。只要好好理解了这一点，猫即勺子、勺子即猫[1]，一条无碍的道路就会在你面前展开。

　　禅当然也有禅的短处和弱点，自主自在性无疑是禅的长处之一。当"做者"，不当那被做的东西，便是禅。可以拈一茎草作丈六金身，反之亦可拈丈六金身作一茎草。不被十二时辰所用，而做那用十二时辰的人。自主自由的"人格"活现——禅就在这里。禅，入真、入净土、入华严、入

---

[1] 猫、勺子，一个说法是出自一休禅诗："我们生下来，然后我们死掉，所有的都一样，佛陀、达摩、猫和勺子都一样。"

天台皆无碍，但净土和真若要入禅，不太可能。

禅要当那制造机械、做出产品的人，所以认可禅中有超概念的东西存在。

行取和道取

虽说禅是超概念的,并不等于排斥概念、思想。有思维的是人,人一天无思维,就活不下去。禅也有思维,是"思量不思量的"。简言之,思量是因有不思量才成立,不思量随思量而动。不了解这些,禅就会因有偏离而脱轨。为什么禅必须兼备知识和道德,其缘由在此。

"道取一尺不如行取一寸",说得很对。但也须领会它另外的一面,即"行取一尺不如道取一寸"。动物、植物的整个生涯都是行取,它们连一寸一分的道取也不懂。道取是人类才具有的性能,我们应当警惕的是对这一特性的乱用、恶用和错用。特别是我们人类,本就容易犯那样的错,所以很难。

道取是思想，是反省，是理论，也是知识。行取是本能，是生活，是直接的行为。下雨了，会被淋湿，不想被淋湿，所以躲到树下或什么东西里边。这些是猫、狗、人都会做的。然而，人会把雨当雨，会考虑到淋湿和不被淋湿的情形。因此，有时会注意避免被淋湿，有时被淋湿也无所谓，会故意扑进雨中、风中、暴风雨中。这故意，便是缺了道取性能就做不到的。连一分一厘的道取都没有的话，这技艺就玩不下去。

"杀身成仁"——不就是道取吗？"门外雨滴声""泊迷己逐物"——说的不都是道取吗？我认为在有些情况下，与其行取，不如道取。

不言说

神道者之流有"不言说"之说。有能力但故意不言说？还是从头就没有言说的能力，即想言说也做不到？或是怎么说也说不完？又或者是越说就变得越说不了了？是佛所谓四十九年一字不说的意思？光有个模糊的"不言说"，没什么意义。

草木都不言说，牛哞哞地叫，马咴儿咴儿地叫，也算是不言不语的吧。人之不言说，是山川草木式的，还是牛马狗猪式的？或者稍有转换，是原始人那般？有水出则洞穴湿，火燃起烧着草屋，照常顺应自然。原始人的心理就是不言说的本体吗？或者不言说原本是心理现象，但有理论上的意义吗？

乱用"不言说"的人，就好似以原始人的心理看事物，也就是像处于还未能充分反省自身经验的心理状态下。可以这样吗？

禅的"不言说"，意图与之迥然不同。禅的无言，是般若的"无言之言""无说之说"。非不可言，也非不言。要说就大说特说，彻底地说。而且对说也说不完的状况了了自知。所以说问取露柱[1]，或称百不知百不会。宗教经验最深刻的东西就从这里出来，必须知道，它跟原始人心理大相径庭。

但这些东西，一般人总是理解不了的。理解不了的人，围绕宗教经验说这说那。在知道的人看来，不值一笑、无从言说。所以，对那些理解不了的人，懂得的人"不言说"，最多说句"这南瓜好大啊"（这个冬瓜如许大）。

"知者不言，言者不知"[2]，不言说者知事理，未必尽然。

---

[1] 出自《五灯会元》卷五，问："如何是西来意？"师曰："问取露柱。"（你去问院子里的石柱子吧。）曰："学人不会。"师曰："我更不会。"
[2] 出自《老子·五十六章》。

如同前文所说，也有人是因为没有什么可言说的，即内在空空如也，才在表面上学维摩一默吧。然而，没有内容的形式，无论在形式上多么工整，稍一碰触便在立身处爆破。甚至在某些场合，有可能连碰都不碰就能一眼看穿肺腑。这样的，都不足道。

真正不言说的，是宗教经验丰富的人的生活。他并非一开始就不言说，他已经将这些内收了。也就是说，他反省又反省，不断积累道理。终于还是来到不行了的阶段，来到了觉得今后怎么努力也没有用的地方。死也死不了、活也活不下去。翻身一转的机会就在这里突然出现了，十方普现此身。这就是不可言说的境界，这就叫作宗教经验。

然而他并不能就此停留，他必须要再次经过来路，即他必须从不言说之处往言说处却来。往相必然要还相，不管是理论性的还是宗教行为式的。因此，今后，言说的生活会得到更多发展。充实的内容不会只是原样封装的，必定会流溢到外边，以各种形态言说。不仅是文字、语言、理论上，还会往行为、伦理、政治的方向突进。

单纯的不言说，是原始民族的心理，是孩提（幼儿）性的心理。哆哆啊啊[1]，说与不说都不成问题。这种不言说不值得骄傲，反而令人羞耻。今后的日本人应当成为不惮言说的日本人，过了宗教经验的关口，而后应当大谈思想性的东西。

言说，或是不言说，其实是有无思想的问题。人类会行动，只是行动的话，人类以外的生物、非生物（如瓦、石）也行动。非生物的不叫行动，叫作运动或者就叫作动。而人类以外的生物也被认为是没有行动的。可是从哲学、宗教角度来看，万物皆有行动。只是它们的行动跟人类的区别在于，前者无思想，后者有思想。所以人类的是行为性的，跟其它无思想的行动或运动区别开来。也就是说，人类有思想，故人类穿衣吃饭是行为性的。这便是"言说"。因此不言说者，就是未进化成健全的人类。他们的行为依然带有动物性，仅仅是感觉上的体验性的。宗教性的人类行为也有感

---

[1] 小儿张口啼之意。

觉上的体验性，但它紧接着当有付诸思想的东西。为什么这么说？因为宗教的经验，是在思想的荆棘丛中一路披荆斩棘苦斗而来的。所以，有宗教性的人是真正的人，可以说他是真正的行为着的活着的人。

穿衣吃饭是相对简单的行为，看似不用思想，什么都不用。但冷了要穿衣、饿了要吃饭，其中就有思想在。因此会有饿了也不吃、冷了也不穿衣的情况。那没有思想的，一觉得冷便会赶紧找东西披上，什么行为都不会停下不做。而人类有思想会反省自己的行动，正因为有反省，其行动便不流于简单的物理运动或本能运动，而拥有了道德意义，甚至还会有宗教意义。

东洋民族，尤其是日本人，长于直观而不善思索。所以最关键的是，要注意不过于偏重长处，长处再长也不能因此令短处更短。不要以不言说为荣，我们应当努力优化弱点、修补短处。

而且从另一方面看，通过思维，还能增强直观内容的明晰度。

看经与思想

禅者有疏于看经的倾向。那是人的心理的偏向。禅者可以在一定程度上进行纠偏，尤其考虑到今后日本文化思想应有的发展方向，禅者的领悟也不能囿于个人范围。

"看经"是个古老的词，以我们今天来看便是"思想"。经典的表现方式跟禅录什么的不一样，是印度式的。印度式的，可以说是哲学上的直观；而中国式的则是"行为上"的直观。印度式即经典的表现是朝着思想的方向走；反之，中国式的该怎么说呢，可以说是禅的表象吧。中国式的不往思想方向而往"诗想"方向走，可以说是假借形象，比如"这里如石上栽花""蚊子上铁牛"等等。跟印度式相比，中国式的看似画一般，这就有了经典与禅语之别。

如果用印度的方式来说这些禅语的意义，可谓"应无所住而生其心"或"无心无识无不觉知"。在直观这点上看，中国式和印度式本来是一样的，但表现方法不一样。

当中国人怀着自己的心理，遇上了印度式的表现，便会将它作概念性的解释，于是看经的弊病就出现了。可以说避免看经，就等于避免把禅概念化。因而把握看经的时期也被认为是非常重要的。自己的经验未熟，却去看经，要照亮那深不可及之处，反使前途暗黑。相反，用看经来观照已经走过的路，体验更深、更明亮。也就是说，自己的东西能从自己走出来，从而带有社会性，便是所谓的为人度生、下化众生。

马祖道一曾问一个叫作智藏西堂的弟子：

"你为何不看经？"
"经书上写的都没错吧。"

智藏答道。但马祖道一认为不该那么简单地评价看经，

所以教导说:

"虽然如此,你往后为人(即社会性世界性的行动时)也须看经。"

智藏也有自己的想法。马祖从师父的角度出发,固然有他的看法,但弟子也有弟子的觉悟。

"智藏我本就多病,当务之急是自己养病,还不敢简单地为他人想。"

智藏西堂的觉悟有其道理。不自修,难作他修。可是,人什么时候能对自己拥有已臻完美的自信呢?连释迦和弥勒不都还在修行中吗?而且教人不就是自学的缘由吗?因此无论何时我们都要与他人共同自修下去,自修将会变成教他人。不是有意识地去为人师、教导他人,而是他人自己跟着我往前走。智藏知道自己的"病","自养"意识更强。必须看到，在他增强的"自养"意识里，有"为人"之处。这也是马祖大为欣赏之处吧，马祖说：

"你以后必将兴于世。"

兴于世与否、成不成功无所谓，可以肯定的是，智藏没忘记在"自养"中放进看经。他只是不想有意识地把"为人"当作目标而已。

宗通、说通之说出自《楞伽经》。宗通，从禅来讲，是见性经验；说通，则是在思想上表现该经验。宗、说不通，宗教经验就不完整。抛却看经跟抛却说通是一个意思，宗和说必须齐头并进，为了不乱其步调，修禅和看经也当勉力而行。跛行者无法避免摔跟头，我想说，如果只看经也会有那种时候。

在学禅方面有理致、机关之说。从某个方面看，理致相当于说通或看经；机关则相当于宗通或祖师禅、禅的本分等。严密地说，二者并不是一个东西，但有相似相通之处。

理致可以付诸言说，完全没有超越思索。作为人类的行为和经验，没有不能言说的东西，也没有不能作为思考对象的东西。虽然能否做到以言说方式说尽、以思索来下所有的结论，这是个问题。但人类对自己经验的事物，不可能连一次反省批判也做不到。这就是言说，是思索。有禅者提"下理致，高扬机关"，应当是错误的。

临济之喝、德山之棒等是机关，慧能、神会的说法等是理致。这理致观中有印度式思维法，机关说中包含着中国式祖师禅意。但实际上，二者兼备，便能描绘禅经验的全貌。有机关的东西就有理致，有理致的就有机关。人心理上的个性决定了偏向，这本来就无法避免。

换言之，禅包括经验自体及其表现，然后该表现又可分为中国式的或印度式的。但这也不过是模糊的分类，需要进一步细加研究。

因此可以说，修禅、得体验有两个方法，即坐禅和看经。坐禅，在历史上又曾分裂为只管打坐和看话两种。

对禅体验的领悟，是宗通。把它在思想上加以表现的，则是说通。这是印度佛教习惯的说法，但传到中国以后，说通就变得未必尽是思想性的东西了。它可以说发展成了三个方面的东西，即行为性、表象性和思想性的。

行为性的，是用、大机大用，相当于机关。表象性的，是禅体验本身不经由思想的路径，而假借某种表象来表现。这是好是坏还是不充分，现在一时难下定论。比如"驴观井井观驴""北斗里藏身""虚空驾铁船"之类的表现方法。第三方面，思想性的，指的是印度式、如来禅式或者"理致"。

禅经验的第三个表现方法几乎被所有的国家采用。据称，神秘教喜欢并采用的带有自相矛盾性质以及非合理性的表现，就是这第三表现法。禅家也有不少，"见而不见""说而不说""芥子容须弥""汉水逆流"等等不胜枚举。但仅禅家才有，别的都没有类似教法的，是第一和第二种，即大机大用和表象性的表现法。这可以说是禅的特征。

表象性的表现方法，称之为譬喻法、寓言亦无不可。也许是因为汉文字的特征，它带有一种飘渺的东西，包含着无限妙趣。比如"驴观井"，简直就是奇思妙想天外来，而且里边仿佛还包藏着什么能给门外汉带来的启示。又如"日午打三更",也是很有趣的表现。

另外还有一种可称之为诗性表诠法的东西,我认为可以归入第二种表现法里。其间也有汉文字的独特性,包含着难以言表的妙韵,已是众所周知的事实。(关于这一点,请参看已刊行的数册拙著。)

婆子禅

禅匠遇婆子的情形,在禅史中常可看到。年轻女性有不适合禅的地方,因为她们太"女性",会藏住其中的禅的超越性,令人看不见。禅似乎不带"性"比较好。本来,宗教就好像跟"性"不相容,极乐净土看不到女人的身影。但菩萨们的相好[1]看上去却全都是女性类型的。圆满性令人联想到女性化的东西,而说到女夜叉等,又好像比男夜叉更多几分恐怖。我们说鬼婆,但没听说过鬼爷。不过由女性来描写女性,可能又会写出不一样的东西。无论怎样,禅史上的婆子虽然是女性,但没有让男人迷乱之处,所以或许可以说比

---

[1] 相好:佛教用语,佛菩萨三十二相、八十种随形好的合称。

较容易亲近，也给人亲切感。在这情形下婆子出乎意料地示以禅机时，惊异的感觉便会剧增，也为禅史增添光彩。

年轻女性要接近禅僧时，听说非得用烙铁在脸上印印子不可。对当事人来讲，可怜至极，但这也是对涉及善恶报应的人们的约束，只能接受。人，真的是背负着艰难的命运生而为人的。

上了年纪，不管男女，都会逐渐拥有一种超脱性。我自己是男人，所以对上了年纪的男人没什么感觉。但对上了年纪并且有足够教养的女人，不由自主地生出亲切感和敬意。或许是因为，开始需要那脱离了年轻时代的"性"的并且仅异性才有的、当称之为"菩萨性"的容貌。不过，从客观的角度看，小孩、年轻人、老人都有各自有趣的味道，人生未必尽是令人讨厌的。

下面要转录德山和婆子的一番对话。

跟临济之喝一样，德山是因棒而有名的禅师。道得也三十棒，道不得也三十棒，反正都让人吃棒子。首先不靠近这种和尚才是"安全第一"吧。

但这个被认为是粗鲁法师的德山,也有非常困窘的时候,而且还是一个歇脚茶屋婆子令他困窘的,很是有趣。

德山最初是废寝忘食研究《金刚经》教学的人。据说唐代《金刚经》非常流行,敦煌发掘出很多当时的抄本。他因为是《金刚经》的专家,对直指人心的禅宗心下不平,所以将注疏收进背囊,从四川的深山往江南一带而去。他来到一个叫作澧州的地方,在一个茶店休息,吃午饭。简单的便当叫作点心,没想到问题就从这点心出来了。

茶店的婆子应该看出这云水和尚是个乖僻的人了。和尚管她要点心她也不答,只问:"你背上背的是什么?"德山随意地答:"是《金刚经》注释的书。"婆子说:

> "那我有一个问题问你,你若答得上来,点心就送给你;你若答不上来,给钱也没有点心给你。"

德山想必有些惊讶,也许心想这乡下婆子能说些什么,但他答应了:"好,问吧。"

婆子的问题神乎其神：

"说到点心，《金刚经》上说，'过去心不可得，未来心不可得，现在心也不可得'，不知你点的是三心中的哪个心？"

心，经三世不可得。以为是这个欲按将下去，它却已不在那里。虽然在过去、未来、现在相遇，但现在片刻也不停，转辘辘地。"喂"地一声喊，"是"地一声应。刚才好像在那里有什么动的东西，瞬间就已经成了暗夜中不叫的乌鸦声。无法着手，无法着墨，无法加句点。

话不说三世，就无法说，而那一刻一刻流去的时间在哪里都找不到。不管你望着钟看多久它也依然滴滴答答走个不停，听着滴答声我们的意识也跟着不停地动。时间总是有过去和未来，现在就好似那把过去和未来分开的秤的刻度。刻度终归是刻度，不是实物。定盘星[1]不算数，但没有它就称

---

[1] 定盘星：杆秤上标志起算点（重量为零）的星。

不了重。意识、心这样的东西，可以谈，但若要猛地抓出来给人看，便是"三世心不可得"。

德山在注疏上学了很多、背了很多，也写了科文[1]吧。但，把不可得"点出来看看"，直接被问住，哑口无言。他至今不曾为这种问题准备过答案，怎么翻白眼，也无法从他的概念里翻出什么答案来，"德山无语"。

凤林途上婆子遇临济，台山路边婆子和赵州的故事，应该都已经写过。除了台山婆子，赵州还有别的例证，我打算用在别处。所以这里写写正受老人的老母亲跟一位叫作回首座的行脚僧的问答。

和尚中颇有一些孝顺母亲的人。正受老人是一个例子，盘珪和尚也是对自己的母亲极尽儿子之孝诚。母亲具备三种属性：女性、母性、老人性。所以独身无妻的清僧，作为人，对自己母亲的这三种属性自然神往，虽然它本就是无意识的。

正受老人的母亲也是具有一双慧眼的禅者，因此即使是

---

[1] 科文：佛教中，解释经论时，将内容分段并简要注明各段内容，叫作科文。

来拜访的和尚，空见识者也时常说不过她。回首座便是那其中的一个吧。两三问答之后，正受老人的母亲说：

"'不明三八九、对境多所思'，是什么意思？"

这句话可训读为："三八九不弄清楚的话，对境所思的很多。"意思是，不理解三八九，就不能以一个一个地杀出重围。受到牵制阻隔，难以得到洒脱的心境。三八九是什么？考虑起这个，必定停滞不前。所以回首座也慌乱失措，只得败退。

不过，那三八九是什么呢？

禅的数学

禅在无意中会有一些数字的排列。说到马、牛，就会想起哞儿哞儿、哞哞地叫着的四脚动物。然后这样、那样地联想一个接着一个停不下来。数字就比较少有那样的隐忧，但会一、二、三地说。一有一元，二有阴阳两极，三会令人想到佛教的三身或三宝，好像在引导人往下想。而三八九地排列或是"一九与二九相逢不出手""前三三、后三三"这么数，就"摸索不着"了。这"摸索不着"之处便是禅的标的。

问："您贵庚？"答："七八，五十九。""七八五十六，不是五十九"地纠正，答"是吗，我是五十九"。超越数字的立场是必要的，禅者总是稳立于此。所以有时是一二三四五，有时是五四三二一。

在这里也看得到汉民族的一个心理特征。印度人对数字的处理，是从一微尘到千万亿那由他，往下数就是"不可说""不可量""不可称"，无法穷尽极限。中国人不做那么麻烦的事，随便拿个"七八，五十九"就打发掉了。经典上最少得花一页纸，来说超度数或者无数世界的数，禅者则随便地用个一或二，把天文数字给打发掉。赵州新置青州布衫重七斤，洞山晒在廊外的麻重三斤。

说三道七，来呈现一个超越数字的世界。这个世界里有禅，有东洋的特质。

密参账

最近无意中得到个因缘,看到了据传曾由江户时代的禅匠秘藏的参禅备忘账本。参禅备忘账被视为秘籍,从古至今很多人因之参禅得悟。别的且不说,只说禅变成文字时会有的异变。这并非今天才有的现象,在唐代盛行期,禅就已经大受其害。唐代是前文提过的临济、德山、赵州、沩山、百丈等大巨匠接踵而出的时代,是禅最为盛行的时代。即便如此,也发生过如下事情,读《临济录》可见:

"大策子上抄死老汉语,三重五重复子里,不教人见,道是玄旨,以为保重。"

什么意思呢?大策子就是那时的记事本那样的东西吧,上边写着某位禅师说的话。然后被慎重地包了好几层,不许别人看见。禅的玄机藏在这玉匣子里，只有自己知道。

我们总是有离开生活做做游戏的倾向，倒不是什么坏事，因为那也是人生的一个部分。游戏是老天赐予人类的，只有人类才被允许大量拥有的妙用。如果没有游戏的感觉，人的价值也许会减半以上。但光是游戏的话，也很糟糕。游戏的感觉从玉匣子里进进出出，那就不是"游戏"，而是猴子学人瞎模仿，人就不是人了。

密参账不是应该收到箱子里的东西，应该翻开放在你的手上、脚下、胸中，无论何时无论是谁都看得到。

牺 牲

有必要更深入地研究牺牲心理，相较减私奉公那样的心理，我感觉它包含着更为深刻的东西。减私奉公出自集体生活，最值得尊敬。但它不是那么简单地随时会出现的现象，如果止步于减私奉公，会失去宗教意味。

我读过大和清九郎的事迹。他穿着女儿手工纺织的棉布新衣，去本山寺院参拜。出山门时，看到劝人捐赠的宣传，马上脱下新衣服，送给了管事的人。据说他等于没穿衣服一样，走了寒冷的十八里归途。

试想一下清九郎的心理。布施的直接想法是，奉献给本山当然就等于奉献给阿弥陀。至于本山管事的人是什么样的人，清九郎不会去想也不会批判。而且，对女儿在贫困生活中还特地为他精心织衣的事情，清九郎好像也没有太多的关心。他固然有谢意，但那是有相关性的、世间的、集体生活的东西，一旦被更大更深的东西打动，那些就变得微不足道。天寒地冻几近裸着老身离去之类的，就更不会在他的意识里了。

向阿弥陀敬奉，不是为了让弥陀高兴，弥陀不会因为那样的事情高兴。清九郎为什么那么做呢？是从自己得救赎的喜悦中自然涌现出来的报谢佛恩的心？也就是说，那心认为只要是自己的东西，什么都可以奉上？毫不在意奉上之后会怎样、会不会这样。所谓牺牲，是他人贴的标签，当事人绝对不那么想，

要了解宗教生活，就必须理解"这里"的消息。

在宗教生活中玩不了政治、战也不胜。实际上在所谓"莫为明日之事烦恼"，"只在今日"中，不可能有经济。没有经济，就不可能有政治和战争。

而在报谢佛恩的生活，报恩的心思略一触动，即使是女儿给精心裁制的一件衣服，当场就能把衣服脱下来送人。这里边，似乎有着什么触动人心的东西。可能会有人断言，这

是原始人的心理，是婴孩性的发现。未必尽然。原始人和婴儿感知不到佛恩，可以说他们只是在"本能"地生活。而宗教是超越其上的，知恩始能报恩。在这一点上，阿弥陀派和达摩派没什么不同。它们都活在超越了常识、超越了"本能"、超越了冷暖自知的境界。

提起报恩、牺牲、禁欲、节欲等，不知为何"自我"就变得很醒目。因此会有人说宗教生活是自我否定等等，然而从宗教生活本身的内面来看，那种"闲家具"[1]可是一件也没有。在光风霁月的境界：

"无云生岭上，有月落波心。"

素净清淡，只能说它是无分别的分别。我觉得，相较象征的世界、观念的世界或理念之乡、浪漫之境等说词，般若的既非论才能更好地说明宗教生活的实际情况。

---

[1] 闲家具：指为装饰门面而摆着好看的东西。语出药山禅师，有刺史问他："如何是戒定慧？"他答："这里无此闲家具。"

观念与现实

观念是与现实相对的东西。提到象征，便会看到其身后的实存。事物似乎都是一分为二的，虽然可以一分为二，但毕竟是"一"个，而且，那"一"个必然有它涵盖不了的部分。既非论道尽了这个微妙之处。

有人问庐山同安庆通禅师：

"世尊未成佛时如何？"

禅师说：

"佛。"

"成佛后如何?"

"佛。"

"毕竟如何?"

"佛。"

什么都是"佛"。未成佛时是佛,成佛后也是"佛",到底是什么,还是"佛"。这"佛"是象征?是观念?非也。这佛到哪儿都是佛,不管从哪儿开始也是佛。没有所谓未成佛的时候,也没有所谓成佛的时候。除了是佛之外,别无他。如果一开始就没有迷惑,也就不会有领悟;没有被绑住,就没有所谓解开;现实就是现实,除此之外别无他。所以找不到什么地方可称之为佛的观念什么的,所谓"佛",也需吟味三年。

但仅靠这些也解不了惑,所以会添加些理论。但添加的东西毕竟是添加的东西,所以又不能对它太执着。须横担柳栗柱杖，直入千峰万峰[1]。

因此禅录常写着"归方丈"，意思是无法曳尾于泥中[2]。

---

[1] 语出《碧岩录》："栲栗横担不顾人，直入千峰万峰去。"
[2] 语出《庄子·秋水》："宁其生而曳尾于涂中乎？""往矣！吾将曳尾于涂中。"原意指与其受功名所累，不如隐居而安于贫贱，后来也比喻在污浊的环境里苟活。

禅问答

大乘佛教传至中国并复兴起来,确实是件值得感恩的事情,后世的我们因此才得享它的恩惠。作为东洋这份灵性遗产的保持者、管理者、领会者,我们拥有向世界推广它的特权。然而这份遗产的特征是,在它里边并没有可以说出这种话的东西:"这归我们所有,推广者也是我们,所以你们这些来学的人都得给我们跪下!"不能这么说其实是件好事,我们因此可以赤手空拳地前往任何地方,甚至可以赤裸裸地前往。

印度的大乘佛教,到了中国就变成了禅。再传到日本,活在当下。禅问答成了禅的特征,没有问答的禅无法想象。当然没有问答也有禅,禅没有必须跟问答共生存的理由。只是在历史上，问答成了最能发挥禅意的方式，是在汉民族之中发展禅的最合适的方法。禅与问答、禅的问答——其中有一些非常有趣，只要一读《传灯录》，问答就会一个接一个无限地延续下去。

"临济喝、德山棒，您用什么呢？"

这是年轻的小和尚向老和尚发起的挑战，而老和尚早已看破他的心思，老和尚说：

"我怎么用啊，今天太热我累了。"

年轻和尚并不在意老和尚说什么，他早已备下了：

"喝！"地猛喝一声。

和尚以柔克刚，如风中柳枝：

"你倒是好有精神啊。"

以上问答,引用自汉文,原文如下:

温州仙岩景纯禅师,因僧问:
"德山棒、临济喝,和尚如何作用?"
师曰:"老僧今日困。"
僧便喝。
师曰:"却是你惺惺。"

前文也说过,问僧往往是怀有一己之见有备而来,但也未必尽然,也有人是为了得到些什么消息而问的。就有这样的和尚问过潭州道林寺的广慧宝琳禅师:

"德山棒、临济喝,未审,和尚如何为人?"

问的是"和尚您怎么教导别人",这时广慧宝琳和尚突

然喊了声:

"这聋汉!"

说的就是"你这个聋子啊",问僧哑口无言。然后和尚又说:

"你这不只聋,还哑了。"

从面上乍一看,这是多么严格的指导法。

虽说是问答,就第一个是问而已。答的也不像回答,是责备,是咒骂,还是警醒?这不是普通意义上的回答,要从中找到什么知性收获也难。禅本来就没有知性的东西,所以如果要从这个方向抓住些什么,便是只见手指不见月[1]了。

棒不是德山才有,被打的人也能被任何人打;临济之喝

---

[1] 来自六祖慧能指月之喻:真理如天上明月,文字是指月的手指。

也是训斥，有眼睛的人就看，有耳朵的人就听。

"如何是不动尊？"

"来千去万。"（从早到晚，从晚到早，出去的，进来的，络绎不绝。）

"那忙得脚不沾地吧。"（怎么则脚跟不点地也。）

"还是你更懂。"（却是汝会。）

"如何是祖师密密意？"（佛法中有些什么秘密吗？）

"佛眼觑不见。"（就算是佛的眼睛也看不见。）

"密密意。"（那是秘密啊。）

"如何是正直一路？"

"踏不着。"（踏不上去。）

"踏着后如何？"（踏上去的话呢，然后怎么办？）

"四方八面。"（四通八达，不止一路，通往任何地方。）

这样的问答看上去好像俏皮话，一旦深入思考，会发现它们可不简单。比如不动之动、动之不动，这哲学上的大问题，在第一个问答里就解开了。那不就是我们的日常生活吗？这生活的秘密，是佛祖也探而不得的一条真实的路。虽然是一条路，因"四方八面来也，旋风打"，故而闲中忙、忙中闲。一当领悟了这一点，就会懂得禅问答的最终去向。

平常底

一般认为，禅问答中包含着哲学般的深远内容。深刻的人生观、幽玄的世界观、宏大的历史观——这些都在问答中通过片言只语简单地呈现出来，所以那些匆忙相向的人就会迷了路，不知如何解读才好。

不仅如此，禅问答中还积累着很多深刻通透的现实人生、生活上的知识。其背后深藏的哲学性思考自不待言，只看表面的意义就可拿来当处世金句的东西比比皆是。它们首先是来自汉民族对实智[1]、实义[2]的尊崇吧。然而如果仅仅是实智，也就不出伦理、集体生活、政治等经验的范畴。禅问

---

[1] 实智：佛教用语，指真实的智慧，是看透绝对不变的真理的根本智。
[2] 实义：佛教用语，指真实的意义、道理。

答的背后还有着印度民族的深层思维,所以才能智、意、情兼备,直抵人心深处。

前边已经提过赵州度驴度马的石桥,这里再举两三则问答,来看看禅者的实智和实证如何。

慈明是宋代禅匠中的巨擘,有锥刺股、勤勉坐禅的故事。有人问他什么是大道,他答:

"踏着不瞋。"

这大道好比赵州那度驴度马的石桥。问的人接着问:

"道上行人做什么呢?"

和尚答:

"胸驮背负。"

慈明所说的"胸驮背负",不指道、石桥本身,指的是道上行人,是过桥的人们。他们背上背满东西,两手提的东西也多得不能再多,汗流浃背,每天在这大道上来来往往。这要是官员、公差,他们的"大道"就是桌上没有一张未办公文,一件接一件迅速处理。跟"人民"接触时,会牢记自己跟人民是在同一个国家、同为臣民、一样都是在工作的人。这要是军人,他们的"大道"便是命令和努力。当然不必说金钱了,连生命都是从一开始就没考虑过的。他们不要地位,不要勋章,粉身碎骨竭力行事。士、农、工、商,都各自踏上自己的道路,不瞋怒、不任性、不后悔。

"踏着不瞋"——"胸驮背负"——足见汉民族的理想。而禅并不是只有这些,虽然仅这些已经足以令人感谢,我们希望还能再有些印度的东西,然后这样的东西就出现了。禅之所以为禅的部分,这一来就可以说全都齐了。

有僧问雪窦宗禅师:

"如何是道?"

禅师说：

"雨多跟脚烂，日盛鬓毛焦。"
"如何是道中人？"
"冰肌明似玉，雪体莹如珠。"

炎日下暴晒会变黑，泥地里走脚也会烂。但是，在某个地方却是清澈如玉、一点污点也无。其所在已了然能不能拿出来示人，晒黑的背、烂掉的脚之外有没有别的，都不说。全都只是了了自知。

我认为，印度民族的哲学、思考的彻底性和宗教、直觉洞察的幽玄性，加上汉民族的实智性、道德性、行为性，禅才算成立。我时常会涉及也经常说，禅在日本存在，是非常令人感恩的事情。所以我们不应该只盯住禅问答无法捕捉的部分。应该踏着实地，充分体会我们无法离开的平常。因此，就这一点我想再多谈一些。

所谓"大善知识"是由宋代的一位禅匠给下的定义，他说：

"屠牛剥羊。"

这一句令人似乎看见美国芝加哥的屠宰场,眼前浮现出这样一幅凄惨的景象:犹太教的师傅站在屠宰场牛血汪洋的正中央,挥动着大刀。这里不是要"善知识"的禅和尚仿效屠牛剥羊,而是以去往市井过灰头土脸的生活,来替代独自闲居山中、享受绝对简单化的环境,这跟赵州和尚说自己最先入地狱是一个意思。离开集体生活,像罗汉、辟支佛般度过这一生,并非禅者所愿。

"为甚么如此?"

和尚答:

"业在其中。"

所谓业,意指行为世界。禅不在业之外,在没有行为的地方，也没有禅，禅始终和行为在一起。通过在业中起居、行动，使超越业、脱离业缚成为可能。

现代的净土系信者如果进行如下一番问答，随行的人们会说些什么呢？

"如何是净土？"

有信者答道：

"天空海阔。"

"不思善，不思恶。"

"善人往恶人也往。"（度驴度马。）

"柳绿，花红。"

"自然法尔。"

"天鼓自鸣。"

"天高东南，地倾西北。"

又或者如下:

"虚空走马,旱地行船。"

"南山云起,北山雨下。"

"出门便见。"

"五凤楼前。"

"脚下深三尺。"

传统的文字这么排列下去,没个尽头吧。但可以从这种观点来重新思考历来的净土观,而且从某种意义上讲可能会有新意,也就是说也许会激发出一些什么来。

那么"净土往生如何"?

"铁牛也须汗出。"(铁牛不会出汗,可不出汗就没有真正的往生,铁牛啊快出汗。)

"深耕浅种。"(这是农家经验,利用厚生之道从这里出发。)

"紧峭草鞋。"（不系紧草鞋，做不到念佛报谢佛恩。）

"究竟如何？"有人问。

净土往生的候补者说：

"千日斫柴一日烧。"

（花三年打来的柴火，如果一夜之间烧光了，应该说吃力不讨好徒劳无功吗？这里又看得到汉民族心理的实智性倾向，我们也学学才好。）

徒劳无功

"千日斫柴一日烧。"——这是汉民族的实智的表现法。印度式的则是这样的（一个例子而已）：

"善男子，譬如日轮，往阎浮空，其影悉现一切宝物及以河海诸净水中，一切众生莫不目见，而彼净日不来至此。菩萨智轮亦复如是，出诸有海，往佛实法，寂静空中无有所依，为欲化度诸众生故，而于诸趣随类受生；实不生死，无所染着，无长短劫诸想分别。何以故？菩萨究竟离心想，见一切颠倒，得真实见，见法实性，知一切世间如梦、如幻；无有众生，但以大悲大愿力故，现众生前教化调伏。云云。"（《八十华严经》天四、五十八丁左）

这还算是短的。以印度人的心理，不说得更长一些不罢休。他们就这样从所有的角度来探讨一个思想,用尽所有的譬喻,所以能充分表达出其思想依据的深远宏大。汉民族在此基础上建构了禅心理,可以说开始明确了它的意义。汉文学最适合警句式表现,禅者尽可能地运用了汉文学的这个优点,禅录满篇皆是警句。

如赵州婆子勘破因缘(本书中已经出现)公案,有人下语说"劳而无功",还有"担雪填井",连参考都添上去了。

无盖的太平洋

有人问:"如何是佛?"

赵州即答:

"洞庭无盖。"

这种句子是从前就有的,还是答者当场发挥的智慧?没什么学识的我不懂。反正有这句子、有思想,被问到"佛"时答得出来,实在称得上是伟大的思想。让今天的我们来说,便是:

"太平洋无法盖。"

"没有盖""盖不了""不需盖",结果都是一样。跟"怎么踩踏大地都不瞋怒"一样。万顷波动不停歇,须弥大地永劫姿,都象征着什么。洪波和万岳仿佛可收入我们胸中,收不进也不用收吧。

不管怎样,无盖的太平洋也是无涯的太平洋。什么河都流向太平洋,成为一体。扬子江流向它,天龙川、加茂川流向它,黑龙江、鸭绿江、恒河、湄公河也流向它,稍远的密西西比河、亚马逊河也流向它。太平洋是无限无涯的,连大西洋、南北冰洋各个海洋全流向太平洋。然后在波平浪静抑或不静的夜晚,那点缀着天空的无数繁星,又全都落入它的波心。何故?无盖之故,无涯之故。

禅与人

禅总给人活泼的感觉，是因为问答之中有活的灵动。"活的"意味着没有既定成规，避开概念处理、试图抓住眼前事实。概念的特征是永远不变，不变还好，但不变的东西却成了铸型。改变不变的东西，由人着手进行，这人必须是活的。禅是人，因此禅问答中才总是看到生气蓬勃的东西。

可是，人间的智慧，往往会自作外壳，然后安睡在壳内。虽然有时没什么坏处，可以的话，应该总是"惺惺着"。

之前已说过佛不管在成佛前还是成佛后，什么时候都是"佛"。这里要用"道什么"来记下推翻一切的因缘，不管怎么说，棒、木叉、解打鼓等意向是一致的。

有僧问赵州的称心守明:"如何是佛?"

答:"道什么。"(说的什么。)

问:"如何是法?"

答:"道什么。"

问:"如何是僧?"

答:"道什么。"

问:"谢师重重相为。"(深深致谢。)

答:"道什么。"

佛法僧的问答,除了以上不管问什么都答"道什么"之外,还有下边这种类型。禅问答总是不以概念为中心,而是以人为中心。人是活的,不愿受限于成规,所以我们看得到千变万化的个,有趣。

问:"如何是佛?"

答:"你问我。"(现在你不是在问我吗?)

问:"如何是法?"

答:"黄卷赤轴。"(有五千多卷。)

问:"如何是僧?"

答:"方袍圆顶。"(圆头、穿着衣服。)

问:"如何是向上事?"(好像还有什么。)

答:"且待别时。"(嗯,再来吧。)

问:"即今便请。"(等不下去了。)

答:"蹉过了也。"(那是踩滑了。)

非常平凡又清楚,可在最后急转直下,继续前行"打滑摔倒",就没办法。

两三个回合的问答之后,最后问个"毕竟如何""向上事如何",等于问"那意思是什么",这提问相当重要。睡了起起了睡也能过下去,但作为人还是要想"接下来会怎样"。如果说"懂了"也是"吃茶去","不懂"也是"吃茶去",那究竟会怎样?——必须这么问。接下来"喂!""是"地呼唤应答,然后又是"吃茶去"。

"千年枯骨休咬啮,从他兔走与鸟飞,饥来吃饭困来眠。"

禅即知

"饥来吃饭困来眠"——如果就这两件事,那么猫、勺子也好,英雄豪杰、圣人君子也好,小偷、盗贼也好,大家都在做,都跟禅者没什么不同。所以净土是"毕竟净",又必须是"龙蛇混杂"。若说"毕竟净"是那边、"龙蛇混杂"是这边,便是秽土观了。在非秽土非猫非勺子的地方,日日是好日,下雨刮风生死都好,这些都要见和知。这见、知就是禅,因此卓越的禅和尚才会被称为知识。

禅宗有以下说教:

"会么?说会便是受骗了。我等早早起来,并没什么说法。下床穿鞋,后架洗脸。去到堂内展钵吃粥,吃完粥便睡（中国的僧堂，和尚们因为早上起得太早，上午会稍作休息），睡起吃茶。见客相唤，斋时吃饭（吃的是米饭，相当于晚餐）。日日相似，天天如此，还有什么过？

虽然如此，却有一件可笑之事。

'金刚倒地一堆泥。'（门前的仁王倒地，碎成一堆泥。）"

和尚说完，啪地拍了一下椅子，下座了。说法到这里就结束了。

仅止于淡淡叙述每天的行动的话，看上去就什么奇也没有，什么过也没有，什么禅也没有。但在最后，金刚力士突然出现，倒地破碎还原成一堆泥。说它奇怪也奇怪，可又岂不是寻常茶饭事？有什么过？不管怎样，知之一字为众妙之源，禅就是知。

"知之一字众妙之门"是神会密宗一派说的，反之，也有人说"知之一字众恶之门"。也可以说这是贼机，从一般角度看知，结果也不一样。神会之类所追求的知，并非无分别知作用下的分别知。未理解透无分别之分别的人挥舞着知时，一定也会带出众恶。金屑很贵，但进到眼睛里会很痛。所以，因眼里满是金屑而高兴的，是不懂何为知。没有了了自知的禅，不是禅。

舒州灵隐德滋山主，住寺院二十年，每日独自上堂说："朝朝相似，日日一般，只这便是，更莫别求。"每天每天都同样，但在那同样之中，有唯称这个这个的东西，那就是知。此外找不到什么，也不必找。

后来和尚临死时，众人都上堂来了。静默片刻，和尚说了声："会么？"没有谁答得出来，众人无语之时，和尚就那样溘然长逝了。

能说"只这便是""会么"等等的，是禅。并不是单纯的饿了便吃，渴了便喝。动物、草木才那样。人有无分别的分别，因此可以说"会么""会了么"。有了这个知，会才有了禅。

所谓知之一字众妙之门，理由就在这里。

不能将知当作单纯的意识上的自觉。心理学者之流倾向于将知当作意识上的自觉，是无法避免的。学者的研究不外分别知，那是最初就定义好了的，也是学者之所以为学者之处，所以无所谓好的学者或坏的学者。然而学者一旦逾越自己的研究领域，对其他事物加以批判，就是学者不对了。

禅者也不妨参考一下哲学家理论性的言论。哲学家理论上所谓的必要条件，又是理论的根本结构，所以他们也会给无分别的分别下是非判断吧。但哲学家不能不分青红皂白地打击禅者的言论，真正的哲学家一定会以慎重的态度对待。无论多么幽玄的思考，终归要基于体验。没有体验，就没有理论，什么都没有。如果"关于……"缺失应有的主体，"于"和"有关"就都不会存在。

禅者的表达，会受到该时代思想的影响。但解释的方式并非仅限于语言文字，行动、反应全都是。因为它们都直接来自禅者的体验，哲学家当细致谨慎地予以探究。

即使哲学家本身没有禅经验，但因为该经验不是什么特殊的东西，具有一般性，所以在哲学家的思想根底也可期待禅经验的可能性。因此,哲学家也会在不知不觉中思考该经验,在往思想深奥处推进的过程中,他们自己会接触到禅者的体验。只是对禅者而言,不会在"关于……"之处彷徨,当然是直面该事物,或致力于观照它。

禅·分别·矛盾·悟

说禅之时,一定要有遇到矛盾的准备,甚至说矛盾即禅都不为过。山是山,非山;水是水,非水;可以说这就是禅,也可以说不是禅。禅是那无法捕捉、无法着手的东西。

为什么?我们的日常世界由分别组成,所以我们把分别当作至高无上的东西,把任何不分别的东西当作虚假的。可以看见那边有山,这里有水流。这所谓"山""水"便是分别,"那边""这里"便是分别。在看的自己、被看的山和河水也是分别。没有分别,我们的日常生活就不成立。所以分别的世界,是世界的实相。我们的日常,冬天是寒冷的,夏天是炎热的,那都是真的、已被认定的。

但禅说,也许是那样,然而冬天不冷,夏天不热,山非山，水非水，灯笼跳入露柱，佛殿走出山门，石女舞木马嘶。这又是什么道理呢？

禅是在否定日常生活、日常世界、实相吗？如果是的话，禅者不是跟我们一样在过着日常生活吗？不也有生死吗？不也是饿了吃，累了睡吗？肯定实际生活，却以否定的腔调巧弄口舌，真是岂有此理。没有比禅者更愚蠢的了，搬弄矛盾，还身体力行，这是什么毛病。——一般人会这样议论上述状况。

不存在真的事实和假的事实吧？说到真的，我们每天所做的分别，有多真可不知道。预设分别为真才开始言说，那不成分别的东西，从一开始就注定了是假的。然而，相反地分别不会被当作假的——至少不是绝对的真——来看吗？来看看这是什么意思。据称我们的日常生活、日常思维是在分别的基础上进行的，但在这生活、思维中，不知为何有令人不安的东西。我们不能说分别和心不安无关，在分别中就没有什么无分别的东西吗？这种感觉，是无法从我们人类的意识中消除的。

"这样好不好？"不知为何出现这样的感觉时，就会从某种意义上重新思考所谓的日常生活、分别的世界——那边高高的是山，这里流淌着的是水之类的。于是，禅就从这里生发了。

"这样好吗"，是反省、怀疑、否定，接着就要对整个日常经验进行再探讨。冷的未必都是水，高的未必都是山。在时间、空间、因果、感性世界，都要试着暂时予以否定。如何避开寒暑？得去无寒暑的地方。这种否定不仅止于单纯思想上的否定，还要在经验上进行否定。也许离开了思想就无所谓经验，但没有经验的思想是无法适应生活的。仅仅依靠没有经验支持的思想来生活——只建筑在分别之上的生活，不安的感觉实际上就是从这里生发的。

不仅止于思想上的否定，还要在经验上进行否定，指的是什么呢？否定不是思想吗？在经验上它被解释为什么意思呢？在经验上否定我们的日常生活，意思是要我们从分别的世界进入无分别的世界，即全面否定分别的东西。那么问题是，怎样才做得到呢？

水不是水时,是不是就用不了水?是不是烤火也暖和不起来?那样的话,会出现一个奇妙的世界吧。但是,这里说的奇妙也是在分别之上说的,世界也是分别之上的,如果全面否定分别,别说"奇妙的世界",连世界本身,都必定会变成无。然而,这真的是禅的追求吗?

说世界变成无,也还是在分别之上。在全面否定分别的经验上,连"无"本身皆无,必定会走到这一步。因此,不可作思想上的否定,必须是经验上的否定。如果是思想上的否定,否定就不带有绝对性,而总是与有相对的无。必须经验对分别的全面否定,这就是所谓经验上的否定的意思。否定虽然是分别上、思想上的文字,现在不是文字上的诠释,而是不立文字。一当经验分别的无分别,就会明白禅立身何处。

"明白"跟"分别"词源一样[1]。人类的思考,不管是什么思考都有分别上的可能性,所以一切人类的语言都具有分

---

[1] 日语里的明白可写作"分かる"。

别性。但人类除了谈思考、分别、语言文字表现，还有些什么别的。所谓"什么"已经是分别知之上的内容，马鸣的"以言遣言"说的就是人类这种束手无策的困境。

所以现在所说的明白，在这里并非分别意义上的明白，而是经验上的明白。即明白有两种，一种是分别上的，现在说的这种则是经验上的。分别上的明白就是所谓的知识，是有关某事物的明白。经验上的明白，并没有任何事物对应那种明白，并不是具有对象性的知识，而是自己变成那个东西——这就是经验上的明白。

当我们说那边有一棵树，这就是分别知。被当作树来看的东西——有这个分别，然后才会有知识，才会有所谓的明白。而经验上的明白则是，这边看的跟那边被看的还未分明时，"在那里有"的知识，这就是所谓无分别的分别。

重新再说一遍的话，也可以这么说——拥有"看的自己"和"被看的树"为一的经验时，所出现的东西，那就是所谓经验上的明白。禅把它叫作"悟"。

见闻觉知上的否定，会落到有无之无当中，没有禅。见闻觉知的世界,在经验上被否定,然后如果出现"明白",禅的世界就会在那里打开。

禅者用各种词汇来表达经验上的明白,使用最普遍的是悟,一般常用的还有"透彻看""觑捕""见性""自肯""直下会"等等。跨越世代慢慢看话禅的发展,明白的知性色彩越来越淡,而心理性的东西在数量上却增多了,以下的表现方式很引人注意:

"㘞[1]地一声。"

"喷地一发。"

"打破漆桶。"

"蓦地折曝地断。"

"忽然蹋翻关棙子。"

"一刀两断直下坐断报化佛头。"

---

[1] 㘞: huò,象声词,表示用力之声。

如传说中一叩即开一样，迄今堵住了分别的前途而且怎么也突破不了的关口——突然如八字状豁然打开。心理性的文字"嘭地一发"或"囫地一声"，很有中国特点地表达了这时的经验，即："啊，明白了。"

分别知看到的总是与自己相向的东西，那个"知"因此有容易与自己分离的倾向。相反，在禅中得到尊崇的知——即悟，却已附着在身，所以有体认、体得之说，意指与自己的身体不相离。所谓体，意思是经历经验。体认是在经验上明白，体认就是体验性认识，没有比体验更接近正确的东西。

必须知道，此处所说的经验——即禅的悟的经验，跟普通所说的经验不一样。后者多次反复后能熟练，并且意指实际上经历一定境遇。禅经验不一样。禅经验本来也要踏入实境，不入实境就不是经验。但禅经验是"一回举着一回新"，充满生机，无论何时都保有给人初啼的感觉的东西。普通所说的经验，没有一、二、三而有好几百，然后一次比一次成熟通达或更接近正确。而禅经验没有所谓的第一次、第二次。最早的一次不是第一次，是无量劫前，有很早很早就经验过的感觉，又是前所未有的从未经验过的感觉。虽然这两种感觉互不兼容，但这就是禅经验的独特性。

也可以说，这种矛盾本身的经验就是禅。只认识到矛盾是矛盾，还囿于分别的境地内。虽说其中有克服矛盾的影子，但克服的事实是必须去经验的，这个经验就是禅。而禅经验并不能就那么简单完事，必定要再一次呈露在分别的层面。这是人的既定宿命，不在是非分别的讨论范围。

所以，再一次浮上分别层面的禅经验，不得不继续使用充满矛盾的观念、文字、语言。山是山、山不是山的矛盾，在禅经验上克服之后，这次山又是山了。最初山是山就好了的东西，为什么必须要经历山不是山的矛盾，然后再回到原来的山是山呢？事实上，这里不存在"必须""是"之类的问题。禅说，这种问题是"平地波澜生"，就是所谓的"山是山"。禅经验并非仅存于事实世界的所谓理所当然的东西，即使认可它是理所当然的，毕竟也说不出"是那样"。

只要从理论上看禅问答，都无非是对经验性认识过程的平叙和直说，即从"山是山，山不是山"的矛盾到"山是山"的经验性认识过程。现在就从我手边的书里找三四个例子来看。

华州草庵的法义是曹山本寂的弟子,有一次有僧问他:

"拟心即差,动念即乖,学人如何进道?"

拟心也好,动念也好,终归是一个意思。见山说"这是山"的反省、拟问,就是所谓第二念之动。动了的话,就看不见山了。山不仅仅是山,还有种种杂乱的东西跟山一起涌来。首先是被看的山和看的我们,然后是照山的日月、绕顶的云、流淌溪涧的河、点缀斜坡的红红绿绿等等。千差万别的分别想乱入、乱飞、乱舞,我们的心完全失去了归处。"如何进道?"我们该往哪个方向迈步前进呢?当初的婴儿性、纯朴即原色的肯定都被打翻了。虽然如此,也不可能立即无条件地全面否定。分别的羁绊剪也剪不断,迷乱于歧路。所以此处就自然而然地出现了"拟心,云云"的疑问。
草庵法义答道:

"有人常拟为甚么不差。"

分别而且不得不分别——必须看到这一点,只要在分别的意识邻域"头出头没",就必定"拟心即差,动念即乖"。虽然如此,也有不差、不乖的东西,是分别理论无法认识到的。它必须是在经验层面。所以分别上的彷徨者自然会往下问道:

"即今事如何?"

大意是:"现在,实际上在千差万别之境一切都是亲近的吧?和尚您为什么那么说?"禅者法义立即答道:

"早成差也。"

说的是:"那就是差!"问者的再质疑是从分别的迷惑中出来的东西,但答案却是从经验的正中心出来的。"即今"是不可理喻的。问"如何",不就早已踏进了吗?"即今"——就是"山是山",别无它。

"拟向即乖。不拟争知是道。"(南泉与赵州的问答),那到底怎么办才好?德山说,"有问即过,不问又乖",跟前边说的是一回事。分别也不好,不分别就什么也不明白,即使口称"待汝开口,堪作什么",再加一棒,对还没从经验性认识中走出来的人说,什么办法都没有。

虽然什么办法都没有,也得想办法,禅问答总是为此费尽苦心。尽管如此,禅问答看上去不是像一种同义反复[1],就会像悖论或废话。以下的例子,似乎既可以说是同义反复,也可以说是鹦鹉式反复。

有僧问潭州报慈寺的藏屿:

"龙牙山在哪里?"

---

[1] 同义反复:英语为 tautology。指字面不同但语义相同的词语或句子重复使用。

藏屿是隐居龙牙山的弟子，所以问龙牙山，就是在问藏屿所得禅旨如何，借所在之名发问。藏屿答道：

"益阳那边。"

也没有离开地理的角度。僧又问：

"如何即是。"

问的虽然是"怎么做才是（好）"，也就是"怎么才能把握龙牙山呢"，意思就是禅经验如何可得，怎么才能悟？藏屿说：

"不拟。"

不调动分别意识，不开始这般那般地思考。就这样，这样就好。但这是已经进去过一次的人说的话，还在外边的人可不明白，自然会这么问：

"如何是不拟去？"

"就那样"，当然不是像婴儿般只是张嘴"呀呀"地说。自己是拥有分别能力的成人吧？得思考些什么，得有些主意。说是"不拟"，如何使不拟成为可能呢？藏屿说：

"恁么即不是。"（那样不行。）

因为不得不问"如何即是"才问的，如果"那样不行"，前路越发云雾重重，早就连一步也前进不了。然后又回到开头："如何是龙牙山？"

有"藏屿三句"之说：

"一句遍大地，一句才问便道，一句问亦不道。"

第一句，遍大地是空间上的表达，也可以当作时间上看。说的是不限于空间、时间这样对象的、分别的东西，在那样的地方有一条真实的道路。第一句首先用常见的、自古就有的词语来表达，没什么难懂的。

第二句的"才问便道"被认为好像比较容易懂。有僧问藏屿这句的意思，藏屿说"低声低声"，即"别说那么大声"，真可谓一语中的。答案已经在问处，在问僧还未拟心相问时，那个问题就已经被回答了。嘴不用张那么大，自己都会连肠子都吐出来。禅经验的真实是，分别一启动，它就已经不在那里，是"白云万里"，确实是"有问即过"。

到了第三句自然就明白，这是从矛盾的两面来表达同一事物而已。如果还没问就已经有答案，那么不管怎么问也没什么可说的。并非问也不说，而是说不出。正如渐源和道吾在棺木前的那番问答，被问是生是死，答"不道不道"。"不道"也可以，实际上是"道不了、道不了"。所以被人问第三句是什么意思时，藏屿说"便合知时"。经验上应该认识，而在分别识上城门不开、没有进展。最后只能如此，但如果不问，连开门的尝试都没有。

所谓"问""道"，都不离分别。而禅经验却是在离开分别之处才成立，学禅者必须记住这一点。无分别的分别，或者分别也分别不了，实际上都离不开这一点。不管怎么说悖论是难免的。"无底篮子拾生菜""烂炒浮沤饱满吃"，古往今来，禅者就这般竭尽技巧，试图传达此间的消息。

还有一个例子。

被人问"自己不明白，怎么才明白"时，和尚答："不明白。"汉文和日文都没有主语，这个不明白是谁不明白？不明白。问者又问："为什么不明白？"和尚说："那是你自己的事。"自己的痛只有自己才明白。经验者之外的人，在分别之上重温自己的经验，虽然可以口称明白，但和经验者自己的明白相比，有着极大的亲疏之差。有差，却没有一点经验，便是马耳东风吧。最后还得是自己体认分别。禅问答的悖论是问答的开始，是从自己体内涌出的东西，禅者的针总是在这一痛处扎下去。

襄州含珠山的审哲曾问僧人。

师:"有亦不是,无亦不是,不有不无俱不是。汝本来名个甚么。"(在让他分别有无之前先让他说一句。)

僧:"学人已具名了。"(自己已经有名字了。)

师:"具名即不无。名个什么。"(你当然也有名字,但我说的不是那个名字,是个的名字。)

僧:"只者莫便是否。"(就是普通人?)

师:"且喜没交涉。"(还不是那样。)

僧:"如何即是。"(那么是怎么样的?)

师:"亲切处更请问。"(自己的经验,一句也说不出吗?)

僧:"学人道不得。请和尚道。"

师:"别日来,与汝道。"(今天就到这里吧,不明白的终究是不明白。)

僧:"即今为什么不道。"(即使已经道得,不明白也没办法。总是让现在跑掉,然后去追赶跑掉的现在。)

师:"觅个领话人不可得。"(没有明白的人,谁都是在分别路上彷徨、不知日暮的人,真是的,唉。)

以上问答，一言以蔽之，说的就是"离四句绝百非"[1]。本来这个的特征便是无名，给它名字，就踏出了矛盾的第一步。审哲的问答，并没有着落处，结束得也恰到好处。

虽说禅不是分别性的认识，而是从经验本身产生的认识，但只要是认识，就要以某种形式进行分别的表现。没有分别的表现就不可能有认识，因此也不会有经验。禅在此遇上困境，这个困境仅为停留在分别上的人所认知。禅者不会那样，即使遇上矛盾、陷入困境，都平静越过。旁观者担心并且不理解为什么要冒那危险，当局者却如入无人之境。在这一点上，禅允许别境涯的存在。

什么叫作别境涯？就是无分别的分别。没有它——即没有体会悟得过它的话，我们就无法摆脱分别性认识的境地，备受无绳自缚之苦。

池州稽山的章，是云居道膺的弟子。他在投子山修行的

---

[1] 离四句绝百非：四句是"有"一句，"无"一句，"亦有、亦无"一句，"非有、非无"一句。各句里又有四句，每句中又有过去、现在、未来句，已起、未起句，相乘相加合计一百句，便是四句百非。以之指万法不能简单说有无，开口便错，动念即乖。

时候，是柴头，就是我们说的燃料局局长。但他当的不是那种案头高堆文书、只管闭眼盖章的差，他得自己钻山林、捡枯枝、砍枯木。一次，在休息时和山中和尚一起喝茶，和尚说：

"森罗万象总在这一碗茶里。"

章禅师听毕，突然将茶水泼在地上，说：

"森罗万象在什么地方？"

投子山和尚只说了一句：

"可惜一碗茶。"

就一句"你那碗茶，可惜了"，没有森罗万象，什么都没有。一神论也好，泛神论也好，什么都跟着那一碗茶流向了大地。

把古往今来的哲学家、哲学书统统收罗起来，扔到西方的海里，思想、分别什么的才会得到暂时的整理、统一，然后会天下太平吧。禅者在对待思想分别的态度上，确实有可谓果断之处。无分别的分别，不会只停泊在这种地方，"未证据者看看"，临济说。

一提到无分别的分别，有人就以为它是不辨好坏什么都一样。那不曾离开分别的世界的人，他的误解是怎么说也解不开的。此处无所谓是非，《般若经》说："譬如虚空，不作是念：'是近是远。'何以故？虚空无分别故。"读到这番表述，分别论者理解成"无分别"愈加无分别，就会嘲笑禅对人间世界——尤其斗争的世界而言，是无用的摆设。"所言甚是甚是"，只能这么回应了。

"未到应须到，到了令人笑。"

虽然如此，无论说多少次笑啊笑啊，还未到"笑"处的人，是怎么也笑不出来的。但确实必须要笑过一次，所以才会出现各种各样的权宜方式。所以才有祖师西来不立文字，传播无念之宗、无住之本。文字离不开分别，若非不立文字，无法去往无分别。也就是说，以不立文字来立文字，以无分别来分别。先确立这想法"应该以这种方式读禅录"，然后努力去使人明白、懂得。

以不立文字来立文字，是什么意思呢？曾有个和尚被人问"如何教导人"，他答道：

"一二三四五六七。"

这就是一个例子。仅有数字排列，无法理解，这就是不立文字。于是令人不禁想问"意旨如何"，即文字从何谈起。和尚说：

"万物皆从这里出。"

字面意思很容易懂。怎么把它还原到无分别的"不立文字"才好？虚空，还是有远近的。

不知不会

"老僧我不会禅,也没有任何法可以向你们讲示。你们不用久久地坐在这里。"

这是大珠慧海说法的开场白。

虽说是禅和尚的常用套话,其实是说法的核心。说法有这一句就够了,再往下说就是瞎扯或画蛇添足了。当然他不是出于喜欢才把禅神秘化的。

有和尚问中唐时的名匠石头希迁:

"如何是祖师西来意?"

意思是,禅宗祖师达摩为什么特地从西方来到中国?换言之，问的是，所谓佛教大意到底在哪里？这个问题时常被反复提起。也可以说问的是，我们这么做是为了什么？石头和尚答：

"问取露柱。"

露柱即柱子，指露在雨中的柱子，这话的意思就是去向露柱问佛法。

"学人不会。"
"我不懂。"当然会这么说。可石头和尚却好像越发不在意地说：
"我更不会。"

他回称："老僧更加不懂啊。"和尚本是要弄懂些什么问题才发起的问答，遇到了石头和尚最后的回答——不是回答、不是冷嘲，都不知道是什么，必定会陷入迷惘、走投无路。这其中真的有禅吗？

"我更不会""我不会佛法""我不会禅"等表述，看似禅者的特长，其实跟大乘经书上的文字——不可得、不可思议是一个意思。它是一种极其认真的表达方式，但在门外汉看来，也许会有被愚弄了的感觉吧。像如下问答，听起来如同故意极尽戏弄敷衍一般。

> 律师法明曾问大珠慧海：
> "阿弥陀佛有父母和姓氏吗？"
> 大珠回答说：
> "阿弥陀佛姓憍尸迦，父名月上，母名殊胜妙颜。"
> "出自哪一部经？"
> "出自陀罗尼集。"
> 法明只得"行礼致谢，赞叹而退"。

这番问答让人不知该如何评论，错误应该还是来自律师法明的问题本身。问阿弥陀佛的姓,问其有无父母,从第一步开始他就已经走离了大道。然后独自往一条又一条岔道逸行,最后只得去参考南无阿弥陀佛、阿呆陀罗经。

本分之事

所谓"毫厘之差,天壤之别"很有道理,开始的一步即使只偏离大道一分,越往前走就越远离主旨。如果方向准确,即使没有立即命中,久而久之也能得其要义。从这个角度观察禅者对学人的态度,就能切实地体会到禅者的善意。

尸利曾问石头和尚:

"如何是我这样的学人的本分事?"

这样的问题被认为是很合理的。我们很多人自己都不懂得自己的事,无可奈何。但在石头看来,很是愚蠢。

"你要从我这里寻觅什么作何用？"

"不向您寻觅，如何可得？"

石头想，不把话说得更清楚些对方就还是不懂，便说道：

"你可曾失却过？"

如果从一开始就不曾丢失，对人来讲就无所谓附着或阻留。虽说不会有讨问自己的鼻子在哪里那样的傻子，但说到自己的心、本性、灵体、主体、本分事，就不知道该从何处着手，只好问人。一开口询问，便次地往岔道而去，止不住。所以石头才说："你可曾失却？"这一句能把人从岔道拉回来当然好。拉不回的话，也许得花很多年，或者可能是永劫不回。

无绳自缚

曾有人问大珠,怎么样才可能解说?大珠答道:

"本自无缚,无缚之处,解什么,脱什么?直用直行,是无等等[1]。"

这也是石头的"汝还曾失却么",《法华》及其他经书中

---

[1] 无等等:指无等之等

的长者穷子喻[1]，也是这个意思。

但因为它不易被人察觉，所以我们无法逃离既定命运。人本来就是那个样子，若说它是人之为人的劳苦之处，也算是吧。

狗呀猫呀麻雀等等都不会有这种烦乱，所以能"直用直行"。写下这些文字的此刻是夏天早上的五点左右，麻雀的啾啾声从窗边各处响起，我家的猫在庭间阴凉处尽情伸直了四足，横卧着。而人类的世界，还有着什么早练，还有着什么世界大战。早晨的太阳慢慢离开了睿山山顶，从隔壁学校（白天很是喧闹，令人头痛）屋顶的一角，开始闪耀着它的光芒。我就想到了，"今天也很热吧"。一大早我就跳进烦乱的正中央，自己领来"无绳自缚"之绳，开始绑缚了。这岂

---

[1] 长者穷子喻：《法华经》有七喻，长者穷子喻出自第四品《信解品》。大意是走失在外的穷子乞讨到长者的富裕之家，不知那其实是自己的家。见到长者身上价值千万、威德庄严，便心生恐怖，快速离去。长者见到穷子，知道是自己儿子，派人追回。穷子依然恐惧，长者令人以水洒其面，促其醒悟，但穷子仍未醒悟。长者只好放他出去，后来巧设办法，雇请儿子来家里打杂做事，逐渐使其醒悟自己就是这家的儿子并最终继承家业。

不是人类的劳苦之处？如果没有烦乱，悟——反省、自觉、自嘲、自笑——又怎么会有呢？大珠禅师又说了："你从来都不曾开悟，却说什么迷？"不能说这不是人类，迷乱中开悟，受缚又解脱——这也许就是人类的"直用直行"。所谓"求大涅槃是生死业"，这"生死业"非人类不可，所以堕入地狱也是人类的特权吧。

从何处来往何处去?

有个和尚叫辊光大德,他问大珠慧海:

"禅师自知生处否?"

知生处,指的是知道自己出生的故乡。"从何处来往何处去"是人生的大问题。但实际上并不成问题。人类、动物、植物、日与星辰,全都相杀、相生,不知从何处生出,也不知杀葬何处。是从出处进入,还是从入处出来?不知道。只知道一点,全都是在不知何处进进出出。但那不知何处的何处是不是同一处,也不知道。另外,说着从不知何处出来之时,貌似知道自己所在之处。由此想法出发,进入不知何处之处，从不知何处之处出来。但是，与那不知道的东西相反，所谓知道的东西，实际上真的知道吗？虽说不知生处就不知死处，那生与死之间——活着——知道吗？所谓不知生死，如果不知道其中一个，就说不上不知生死。而知道其中一个，这种情况存在吗？正在写着这些的此刻，收音机里响起了喇叭声。发出这声音的东西，貌似从我们已经知道的某个地方发出的，对此我们好像满是自信。但真的如此吗？大珠慧海的回答是这样的：

"未曾死，何用论生。知生即是无生法，无离生法说有无生。祖师云：当生即不生。"

且试着作如下解说。我们一般所说的是贯穿有无的生死，认为生与死相对，这边是生，那边是死，生处在后方，死处在前方。但是，这"生"果真是生吗？"死"果真是死吗？大珠、祖师们所见之处，生是无生、不生（无生和不生一样）。所以，没有与生相对的死，因为还没有死过。也因此无所谓生处、死处，并非不知道，从一开始就不是知道和不知道的问题。因为把生与死相对，才以为已经知道。这种想法反而因为不知道而导致前后受困，然后在不知道不知道中陷入更大困境。如果一开始就不说出生死去，认为生即不生，是离开了有无生死的东西，那么知道与不知道、迷乱与开悟、受缚与解脱，就全都不存在吧。脚第一次迈出去稍有偏误，那偏误就越来越深。"当生即不生"一句，确实道破了人类的劳苦。盤珪和尚也说"不生万事调"，生与不生，并不仅仅是不生，必须先记住了。"见即是性""当生即不生"，有见有知，所以人类还是蛮厉害的。

生与不生

若"当生即不生",则"当死即不死"。也就是说,出生、死去,没有出生就没有死去,而并非无生也无死。出生然后死去,有生也有死。人类必须从思想上承认生和死。承认生和死,然后不生、不死。我们这里无生死,说的是不生也不死之处;但生死事大,说的却是有生有死。生与死、死与生,以及不生不死——绝对互相否定,然后否定又立即变成肯定。否定和肯定绝对互相抵触、不相容,回互[1]性则无碍自在地在其间展开。我不懂怎么用理论来总结,而在事实上,要注意到回互性在产生作用。

---

[1] 回互:指甲乙事物间互相涉入,相依相存,无所区别。

然而，也有人认为所谓无生无死，都只是抽象的概念，都只停留在言论上而已。那是因为实际上有婴儿出生，听得到哇哇的哭声。还因为看到，手脚虽然都还是原来的模样，但身体已不见活力，被火烧成一堆灰。之前伸手可触、眼睛可见的那个人，溘然而去。——这些是我们普通所见所想的，因为毕竟事实性只能诉诸于感性。因此，不生就不是事实的直接叙述，而是概念性的东西。

真的如此？并非如此？

我们再来听听诸位禅者的言说。

道吾圆智与云岩昙晟是同窗，有一次云岩生病了，道吾去探望他，说：

"离此壳漏子，向什么处相见？"

壳漏子指的是这个身体，大意是："死了的话，又会在什么地方相见呢？"生着病正哼哼着的云岩说：

"不生不灭处相见。"

问:"什么地方?"答:"不生不灭处。"不知道在何处有那样的地方,地狱?极乐世界?还是现在的娑婆?道吾虽然没有表示绝不赞同这回答,但"这么说会怎样?",他说了这么一句:

"何不道,非不生不灭处,亦不求相见。"

下注释的话,即:"你说在不生不灭处,不如说在并非不生不灭之处也不求相见,这么说,觉得怎样?"这是道吾的说法。但是,不生不灭处和非不生不灭处之间,有多少区别呢?而求相见和不求相见,又有多少区别呢?

现在以生灭之身相见,谈在不生不灭处,是什么意思?非不生不灭处不是生灭处吗?在这生灭之处,一方因病睡卧,一方前来探望。这么一边相见一边不求相见,是什么意思?各自在肯定处否定、在否定处肯定,并且仿佛这两样都不存在一般,两个人互相谈着话。明白吗?不明白吗?禅者在以事实相谈,还是在以概念相谈,是哪一种呢?

什么是事实?什么是概念或观念?具体是什么?抽象又是什么?道吾和云岩,两个"个"相向而谈,那各自的"个"是具体的吗?似乎未必如此。"个"不可谓非观念,被指向为"个"的道吾和云岩同样是被抽象了的。听说所有感觉的东西是最后的具体、"个",非理论学者的我认为,所谓感觉的东西,又好像是抽象的结果。那样的话,什么是最后的事实、"个"的具体呢?在不生不灭处的非不生不灭的,就是事实本身的要旨。必须说,"个"确实在这里发挥着作用。

石霜问道吾:

"和尚百年后,有人问极则事,如何向伊道?"

这问题可以说很是含糊,是谁向谁问禅的极则?是石霜问死后的道吾吗?还是他人问死后的道吾?又或者是石霜自己被谁询问呢?一切都是含糊笼统的。道吾和石霜都是禅师,那些对他们来讲都不是什么事。道吾后来是怎么答的呢?

刚才已经说了,道吾是禅师,他并没回答石霜,而是

"喂,小沙弥"

地唤了一声旁边的沙弥。沙弥

"是"

地应了一声。

"现在给净瓶添水。"

命小沙弥添水后,道吾什么也不说,静默了一阵。石霜则一直都没说话。懂的人,到这里就懂了。但道吾可是位善良的老师,他转向石霜:

"你刚才问什么了?"

石霜老老实实地复述了刚才的问题,道吾听毕,不发一言起身离去了。

石霜悟了还是没悟,书里并没写。这不是个容易开悟的地方,石霜想必一下子愣住了,难以置信吧。

问题就在这:道吾死后,若有人问些什么。那问题的有无倒在其次,重点是死,是死了以后会怎么样。如果懂得了死,就没有所谓前后,大家都懂。石霜也并不关心死后之事、相关的禅问答等,问题是在生死。

道吾也知道。

道吾这"个"、石霜这"个"、叫作沙弥的"个",净瓶之"个"、水之"个",后者注入前者的行为事实,一呼即答的行为事实,前问被破坏时重复叙述的行为事实——对流淌在这些事物之间的,或者说串联起这些事物的什么东西的自觉——这就是禅的极则。虽然一说到什么东西、自觉时,就已经"话堕"[1]了,但这也是人类希求得到谅解之处。

---

[1] 话堕:出自云门话堕的公案,自吐语而自分堕负,认为自己刚说过的话有偏差,即说错话了。

禅与思想

禅常教人说,"仅限于当时的情形""没专注在那种地方""清扫痕迹"等等。汉文则有"没踪迹""无所在""不可得""无自性"等说辞,也说"要行便行,要坐便坐""有意自救不了"。不管怎样都以"总不恁么"、以完全不接受一切的形式来表现。它们指示着同一个方向,禅者说,禅的修行必须修至此处。以上提及的表述方式,全都以有无的概念为本。我们平常被"有"牵制,不易从中解放出来。即使觉得已经很自由了,"有"又倏地露出脸来,口称:"在这里哦!""有"是一条绳绑不住的难缠的东西,实在是令人无法安心,心境安定不下来。因此,从前的贤人就教导说要化为无。然而,我们却又把这化无之物给化成有,以为存在着叫作无的有，就是所谓"无始劫来的无明"吧。

虽然我不懂哲学，但最近读了西田君写的书，书里写有"绝对的现在就是限定现在"之类的说法，把禅者正想说的话鲜明地表达出来了。这就是禅所说的"清扫痕迹"，是"应无所住，而生其心""不行而行"，又是"雇他痴圣人来，担雪埋井"。禅者大抵在思想性上有所欠缺，虽然那也是禅者的特征，但今后仅靠这特征是无法往前走的。没有思想性，可以说就无法拥有世界普遍性。有为人度生的菩提心的人，必须为自身经验的思想化做好准备。

西田君的论文也引用了海森堡[1]的《量子论物理学原理》中的一句：

> 已数学定式化的自然法则的意识知识，有一个不可或缺的前提条件，那就是以实用为目标对物质世界施加能动性运动；在意识知识的背后，还有尚自然的直接理

---

[1] 维尔纳·海森堡（Werner Heisenberg）：德国物理学家，量子力学创始人之一，1932年获诺贝尔物理学奖。

解。它无意识地接纳这种数学构造、加以模写，并为从更内在的层面接纳自然的人们展开。（笔者加点）

在"无意识地接纳数学构造、加以模写"的过程中，有对天地自然的直接理解。就是盘珪禅师的以不生闻、以不生见的意思，是无分别的分别。见闻觉知的世界就是数学的、物理的、心理学的世界。但如果只是这些，就不需要禅了，甚至可以说没有禅。然而，因为并非只有这些，禅才被提起、讲述。在时间、空间、因果、道德的世界之外——与其那么说，不如说跟时间、空间、因果、道德的世界一起——禅的世界就此展开。

听不叫乌鸦的叫声，听只手之声，从意识性知识的角度来看，是极其没有道理的。但是，乌鸦叫了才听到的叫声，双手相击才听到的声音，都已经是物理学也即分别意识上的东西，所以并非无意识地、无分别地、内在地把握自然。另外，也不能把这种非意识无分别的内在把握与反射运动视为一体来理解，盘珪的不生禅好像就曾经被这么误解过。

除了见闻觉知，没有别的分别。可是，仅有见闻觉知的世界，并不存在。有一种觉知，与见闻觉知共存但又不是见闻觉知。它固然不是心理学上的觉知，也并非逻辑学上开始推进分别之后的产物。它是无分别的分别，但若要持西洋哲学可见的神秘论见解来看禅的话，就是"错！错！"了。

用二元的、对象的、意识的分别性知识，无论如何也不可能把握到禅。要在禅的方面探求有些什么觉知存在的人们，就必得抛弃自己平素的思考方式不可。"去汝思虑，离分别"所说的正是这理由。不可只发呆致意，要接收其中的消息，就必须投身其中走一遭。如果是意识性的分别知之上的事，便推广其知识，即使是自己的体验以外的事，也能找到几分相似模样。我们人类的日常生活——为获实用而运作——全都是以这样的知识为基础，这是人有别于其他生物之处，所以才能将活动不断地推广下去。然而，仅有这些，人类是不会得到满足的。这种不满足，在精神分析学上有各种状态，浮现在意识的表面。普通人不会意识到这些，多数人大抵过着这样的生活。这些人把禅者的话当作一种梦话来看，没办法。

因为禅在意识的分别的知识之上拥有无分别知，所以会否定一般被认为是同样的东西，同时又给予肯定。这种理论到底有什么用？只能答称是无益之益。从分别的角度看，那个在死去，这个也在死去。饿了就吃，渴了就喝，困了就睡，谁不是一样？然而，这终究只是分别知上的话，居于无分别知的人，死也死不了，因为这个人不是那叫作生死的分别界的住民。

之前谈到过，禅者不喜欢固着（或称个着）在什么之上。固着是胶着、执着、住着，是二元事象世界的常态。我们无法同时紧紧抓住个、多，只能是其中一个，因为这是个多性的自性。所谓两手握花，其实一只手只能握一只手的花。即使是一枝以上的花，绑成一束一只手就握得住了。数枝花一枝一枝地握的话，就需要有一只一只的手。但是，禅者抓的是无手，或者抓也抓不住。因此无处有胶着的机会，自己随波逐流自然地认得，不会停滞在这个那个一定之处。倒不是有意识地那么做，自己自然就那样了，这是自然法尔。从逻辑上讲的话，这是矛盾。行为上，则是饱食终日不知饱，又是在一粒芥子里放进大千世界。从禅者的角度看，思想也好行为也好都是一回事。终日行却一步未出，说的不只是理论，也是在生活事实上说的。生活分为思想和行为，这在是分别知的世界。居于无分别之分别的人，不会那般区别思想和行为。举起一根手指，全世界就会在头上跃动。

"万法归一，一归何处？"这是哲学上的大问题，是古往今来思想家的心病。赵州的回答是："老僧在青州作得领布衫，重七斤。"布衫的制作是历史性行为，然后这行为旋即成了万法归一思想的本身。禅者的生活中没有二元性，行为即思索、思索即行为，所以无所住，无胶着无执着"活泼泼地"。

孤峰不白

禅把白叫作黑,也叫作白。因为禅既分别白和黑,又认可无分别的世界。禅者问:"雪覆千山,孤峰因何不白?""孤峰"也在千山中,为什么不白?白是不白、不白是白的世界,是怎样的世界呢?

拔队禅师是足利义满时代的人,是甲州向岳寺的开山和尚。有名为《盐山和泥合水集》的假名法语,里边列举了当时众人对孤峰不白的"知解"。

有曰:"我见宾中主。"

有曰:"我见千山雪是这边,孤峰不白是那边向上一路。"

有曰:"我见真心妄心。"

有曰："我见孤峰正位，千山雪偏位。"

有曰："我只见无意义。"

有曰："我只见学者起疑团、为工夫求方便语。"等等。

没有思想化，禅也没有普遍性。因此，我们须在禅经验之上筑起禅思想。尤其是在现代，须采用带有西洋哲学特色的思维方法，这样禅将更能阐明真理性。虽然如此，我们都应该根据各自的经验事实去把握禅，除此以外的方法都无法触及禅的生命。在树立以白为黑的理论的同时，必须如拔队禅师一般，道取孤峰不白，有颂说：

"千山万岳雪堆堆。

孤峰为什么不白。

宾主偏正落格量。

直参则铁树花栎。"

待到铁树开花时，木人唱歌、石女跳舞的春天就来了。

指示本源

有僧人问赵州和尚:"本源是什么,烦请指示。"本源,不说也知道是万物的根源。指示本源——这可不容易,人类从有意识开始就一直为之苦恼。即使个人经验上已经得到解决,要取出来加以指示的话,就需要思想、理论的东西。这一来,思想和经验就会一部分一部分地出来,烦恼就在这里。

但从实际上说,不能把这思想性的东西仅当作单纯观念性的东西来看。思想是行为,行为也是思想。动手迈脚,不是仅停留在生理学、解剖学、物理学上的事象,实际上是理论也是思想。就动物、植物而言,也许可以仅从生物学、物理学层面研究它们;但人类举手投足之间都不可能没有思想和理论，这里说的不仅仅是思想化、理论化，可以说手、足本身就是思想和理论。因而，本源不可能游离于人的本身之外。当手是思想、足为理论，便会知道手知道足。如果把它们分开，分裂成"手足""思考手足的"，二者不能一体化地发挥作用，本源就会往什么遥远的地方去了。然后我们只能在后边循迹去追寻。

"手足"和"思考手足的"二者不分裂时，虽然能知道手足，但在这"知道"之际，手足就堕入了思想的层面，手足就不是手足了。我们一般在手足不是手足之时说"知道了"，这并不是本来真正意义上的"知道"，所以才会要求"指示"。

禅不指示、不分裂、不分别，而是"直指"。赵州和尚有赵州式的直指，他被问到本源时，答道：

"本源无病。"

本源只要是本源，就不会有人问什么是本源，也没有人答什么是本源，即本源无病。说"请指示本源"之际，本源就失去了原有的健康而变成病态的，即被一分为二了。一种东西被分裂成两部分，那两部分之间有矛盾和相克，病就发生、被感知。本来是一个的本源，因为不失其自我同一性，本源是本源。即知道本源，思想即行为，行为即思想。

但只有这些是无法令人信服的，所以下一个问题自然来了：

"了处如何？"

所谓知道了，是什么意思呢？还不明白的人只能这么问。赵州答：

"了人知。"

知道的人知道，这看上去可不像回答。实际上就这种问题进行问答，就是错误。我们总是在不断重复这种错误，确实无可奈何。

接着又有一个问题来了：

"与么时如何？"

没必要问的问题。"了人知"，非知道者，不知道。所谓"知道是什么意思呢"等等，无须问。而实际上问了，也是没办法吧。但这种重复，对没明白的人来讲，也是学习。所以赵州不紧不慢地说：

"与我安名字著。"

如果能安个名字的话，就安个名字看看。本源是本源无病，安个什么名字，比如绝对、一、无、本源，就已经不是本源了。虽然如此，但不安个什么名字，就无法言说。这是永远的两难困境。

意识与行为

不安名字,无法言说;一旦能言说,行为、事实、名字又会分崩离析。名字是思想,是观念或概念,理论就在其间构建起来。从理论来看理论,它是人类经验的事实,但很容易游离。禅者厌恶这种游离,所以常着眼于人格之上。在万法归一的公案中,赵州也拿出了自己在青州时的经验。虽然归一等等是哲学上的大问题而且非常抽象,赵州把它跟自己的人格联系起来抓住不放。禅的优势一直在这里。但是,我们必须记住,禅同时也朝着思想化方向发展,这思想化和人格是不可相离的。今后那些头脑聪明出众的人,会朝着这一方向投入更多的努力,我相信。

不管怎样,毫无疑问的是,禅之所以为禅,就在于不忘人格。如果拿"如何是佛向上人"等去问印度的佛教徒，会得到很长很长的回答吧。而且他们会列举出各种道德的名目，然后必定一条一条地加以抽象解说。这是印度民族特殊的心理特征。然而赵州和尚这样的汉族人，被问到上述问题时，仅简单作如下回答，人格完整显现在回答里：

"只者牵耕牛底是。"

这说的是跟在牛后边扶犁耕地的农民，他就是佛向上的人，不一定都得是紫磨金的报身。极其平常的人——那个人做着极其平常的事——在那个人身上看到佛向上的人，禅自有它成立的理由。

人类的意识，不着落在名字上就不为人知。人总是想要努力离开自我，但怎么努力也不可能自己脱离自己。一方是离心力式的运动，另一方是向心力式的运动，意识存在于这两种反方向运动中。而不是先意识到的什么，往这里那里运动。

刚才提到的"自己脱离自己",是从一般看法上说的。并不是有了一个什么基体,把自己叫作"自己",然后那个叫作自己的东西要离开自己。实际上,那个"自己",是觉知到不同方向的运动时产生的意识。以这个意识为基础来思考时,人类总是有似乎被什么束缚着的感觉,要往这边去,被那边牵扯住;要往那边去,又被这边拉过来,就是因为握着什么固定了的东西。

因此禅者的主张是,要穷尽意识的本源。既然说两个呈反方向运动的东西的觉悟是意识,那么这个"运动的东西"就是问题所在。意识分别这个运动的东西,在分别之下有无分别,分别意识才因之成为可能。所以,必须说意识的本源在无分别,我们一般所说的觉悟,因此也是分别性的觉悟,并且它必须包含有无分别的觉悟。这就是所谓无分别的分别。

禅者常说要化为其物,如果化为其物,就没有分别也不受束缚。因为分别是一分为二,束缚是从一分为二当中出现的事象。若化为其物,浑然一体,没有分别的余地,便是无分别。另外，那也是随处为主，绝宾主之处限定皆无，因而无束缚。但那不是简单的平等，不是泯绝。全都被雪覆盖的话，就既没有千山，也无孤峰了。千山之中有孤峰，环绕孤峰是千山，必须如此。所以才有被雪覆盖而不白的孤峰，所以禅者才说，须化为那孤峰。

然而，如果仅停留在这上边，就有可能被认为没有运动。那其实是还没有化为其物的行为，化为其物，绝对不是静止不动。静止不动，是还没有真正地化为其物，依然彷徨在这两个世界之中。一旦在这两个世界中"定着"下来，就会有自在的运动。无定着即无住的世界——那是一个不应一直坐定的世界——若能从那个世界走出来，自然必将走向一条无碍大道。

认为禅只是空而且不动的人，是不曾入禅的人。如赵州和尚所说的，非"了人"不知"了处"。在分别的道路上，老老实实追究下去，自然会碰上无宾主[1]——而又未必是无宾主的东西。也就是说，在无宾主之处，认得"有花有月有楼台"[2]。

---

[1] 无宾主："宾"是客人，"主"是主人，又指学人与师家、询问者与答复者。有"临济四宾主"，即指导学人时，师家和学人的四种关系；另有"洞山宾主句四句"，以宾主关系表示佛法玄妙，主即正位，表理态；宾即偏位，表事态。在赵州语录可见"无宾主"提法，后人多把它解释为无主客、无偏正、得自由。
[2] "无一物中无尽藏，有花有月有楼台"，传为苏轼诗作。在空无处藏无尽，得见光明。

解说

辻　双明

我记得第一次跟铃木大拙先生见面是在昭和十三年[1]。当时大拙先生住在圆觉寺的正传庵，我则在圆觉寺古川尧道法师室内日日参禅。因此，也没有谁介绍，有一天我去拜访大拙先生了。那时候就"佛的三身（法身、报身、应身）""般若"等问题，向先生请教了梵语原文的意思。

先生拿出一本厚厚的《梵英辞典》，给我这个不经介绍就擅自登门的人仔细讲解。在那之前，虽然我读过一些有关"佛三身"的解说，但还是理解不透。听了先生梵语的说明，就明白了它的意思。即使到了二十一年后的今天，先生当

---

[1] 1938年。

时教给我的"三身"的梵语和它的意思，我都还记得清清楚楚。那以后，我有时会去拜访大拙先生。

第二年，即昭和十四年二月，我第一次拜访了西田几多郎先生在镰仓姥谷的家。西田先生是大拙先生年青时代的好友，他给我的直觉就是一个"伟大的人"。我怀着禅门所谓面对"银山铁壁"般的心情去拜访时，一见到先生，就感觉到好像有什么从心底涌动出来了。辞别先生在回家的途中，胸中依然有感动起伏轰鸣。有时候，甚至都曾经在先生家附近的街道上，不禁伫立片刻。相形之下，跟大拙先生见面时，心情就轻松得多了。

我也曾拜访过西田先生在京都的家，还上过二楼的书斋，感觉很是清明透爽。在姥谷的家也一样，西田先生的身边，总是收拾得清清爽爽的。而大拙先生的书斋，总是杂乱地放着很多东西。有禅语说"灰头土脸"，而我在大拙先生身上感觉到的是"杂然中安居"。

三十多岁的我，确实还抓不住先生茫远风格中的伟大之处，只是不知不觉被吸引，时常去敲那扇门。

后来,昭和十六年七月我应征入伍,在结束六年零几个月的应征和扣留生活后,于昭和二十二年年末从苏联回到了日本。我回归了战前的旧制专门学校的教职工作,并跟以前一样,继续往闲居圆觉寺山内的尧道法师处参禅。大拙先生也照旧住在圆觉寺山内的正传庵。

回到日本后第一次见到先生时,

"我跟西田说起过你。"

先生冒出一句。就这么一句,对无论在战场还是扣留地都音信全无的我来说,真是难以忘怀的一句。这短短一句,给了有如触摸到铃木和西田先生那温暖的血肉的感觉,那感觉,直至今日,还在我心里。

昭和二十四年六月,先生去夏威夷出席东西哲学家会议。之后前往美国大陆,到各大学讲解禅、佛教、日本文化。在去美国之前,因为要拍护照用的照片,请来我的朋友M氏帮拍了几张照片。照片洗出来后我给先生送去,其中有一张是我跟先生的合影,先生看着照片说:

"我老了啊。"之后又回应我的话说:

"但，心还是跟二十多岁时一样。"

先生在虚岁二十八岁的一月，抱着青云之志，前往美国佛教学者保罗·克拉斯处当助手，在美国欧洲待了十多年。然后又在几十年后，在八十岁之际，再次前往美国，向欧美传播佛教。在先生心里，年轻时的那份不变的激情依然在滚动着吧。

两年后的昭和二十六年夏天，先生回国了。那年秋天，再次赴美，在克莱蒙特和哥伦比亚大学讲授佛教。翌年夏天归国，同年秋天再度赴美，过了两年即昭和二十九年秋天回国。在先生回国的第二天，我就去松冈文库拜访了他，被引进了二楼的和式书斋。当时，书桌上放着几本书，先生正在读和装本的碧岩录。据说坐飞机旅行是非常累人的，看到回国第二天的先生的这个样子，我不禁为他超强的神经细胞组织和非凡稳定的心神暗自惊叹。

拜访先生时，每次都感觉到，先生总是在勉学、研究，同时又总是保持着从容不迫的风度。孜孜不倦地努力着，而且又飘逸悠然，这是先生不变的姿态。浮现在这姿态的表面的，是豁达浩茫，不见长期严谨刻苦的影子。直到最近，我才确信，在先生的生活中，必定有不为人知的、长年累月积累起来的自我修炼。有一天的讲演上，我知道了，九十高龄的先生强调并思考着"锻炼"。二十六岁冬天在释宗演法师门下见性悟道的大拙先生，自二十八岁外游十余年归国后，在已经多有著述的四十多岁到宗演法师处参禅，其中缘由最近也直接从先生的话里得知。这让我觉得好像窥见了先生生活底处的一端。在先生飘逸浩茫的风度之下，其实是历经七十多年暗中严格练就的铮铮禅骨，可以说在"法师"当中，现在少有像大拙先生这般具有禅骨的人。

昭和三十年二月，先生又应邀前往美国的哥伦比亚大学。在他赴美的前一天，我到松冈文库拜访他。先生还是那么平静，丝毫不见即将开始长途旅行的兴奋。先生和令媳、令孙三人围坐火盆前，先生正和令孙玩手指角力，当时他手上皮肤的光泽和弹性根本不像八十六岁的人。我向先生请教健康法，先生说：

"我是未足月就出生了，据说还可能养不活。"

"没有特地去想什么健康法，过去的事我不想，总在想未来的事。这个也得做，那个也得做……"

三年零九个月之后先生回国了，昭和三十三年近年末时我跟先生见了面。虚岁八十九的先生，动作灵活有生气，还说了不少话。谈话的主要内容，还是关于今后的工作。完全看不到"衰老的人"的模样，反而感觉到了年轻人的气息。

翌年三十四年夏天，先生在夏威夷参加为期两个月的东西哲学家会议后，一回国，我就跟先生见了面。当时，先生已经虚岁九十岁了。

"耳朵听不太清了，已经做好往那个世界去的准备了吧。"先生虽然这么说，但他的心里依然没有"老"的踪影，满是今后的工作。看到这样的一个先生，自然而然会想起都工作到九十多岁的伟大的历史学家兰克[1]和禅门的伟大学僧

---

[1] 利奥波德·冯·兰克（Leopold von Ranke,1795 年—1886 年），19 世纪德国最重要的历史学家，西方近代史学的重要奠基人之一，被誉为"近代史学之父"。

无著道忠[1]。

后来有一天，我去拜访先生时，先生谈起现在正在迪马其诺氏的协助下英译《教行信证》，编纂英文的《禅宗事典》，还谈到了华严经的英译计划，我说：

"华严经很难吧。"

"没完成这个就不能死啊。"先生说着，带着他那独特的安静飘逸的笑容。

那一刻，面对着先生，我切实感受到了一位无以言喻的人的伟大。一棵大树真正的高度，仅在树下仰望是望不到的。丛林的深度，远远地望也是望不见的。大拙先生的高度和深度，我其实并没有真正懂得。然而，他的伟大，连我都直接感觉得到。十年前八十岁时前往美国的先生，跟现在的先生相比，更见伟大，这种伟大是难以言表的人性的伟大。

1907年（大拙先生虚岁三十八岁）刊行的先生的著作

---

[1] 无著道忠（1653年—1745年），日本江户时代禅宗的临济宗妙心寺派学僧，他一生致力于禅学文献的研究，内容主要包括对禅录的注释、俗语解说和禅语辞书编纂。

Outlines of Mahayana Buddhism, 早已深获世界巨匠马克斯·韦伯的高度评价。仅这一件事,可见大拙先生的非凡在其天禀,但之后的五十多年,孜孜精进,先生将禅乃至大乘佛教向世界传播的业绩,令人惊叹。仅英文著作和译著就达二十多本,日文的也有八十多本,真是一个超人。据说海德格尔、雅斯贝尔斯、萨特、奥尔德斯·赫胥黎等人都在读先生的著作,最近欧美对禅的关注普遍在显著提高,我认为这大部分也是大拙先生多年努力的功劳。

伦敦佛教协会会长克里斯玛·韩福瑞[1]也在大拙先生所著 *Studies in Zen(1955)* 的序文中说,先生是将禅传至欧美的 Pioneer Teacher[2]。

辞去纽约市德拉维尔大学哲学教授一职,把妻儿留在美国,单身赴日,现住在镰仓东庆寺一庵,只管参禅辩道的伯纳德·菲利浦斯,他也在《禅与西洋人》(《归一》一号)中

---

[1] ChristmasHumphreys,英国最早皈依并推广佛教的人士,1924年在英国伦敦建立英国佛教协会。
[2] 先驱教师。

说道:"禅在西洋逐渐被人们了解、尊重,几乎全靠一个日本学者即铃木大拙博士的不懈努力。"

去年十二月,前后九年在美国、欧洲游讲归来后,先生马上在NHK作了一个小时的题为《禅与东西文明》的讲话。先生的结语大致是这样的意思:"我认为,向世界传播禅,带来精神飞跃的契机,是今天乃至今后日本人应该做的最大的一件事。"这句结语,其实就是贯穿了大拙先生漫长生涯的根本信条。

我接触先生的时间,未必算多,对先生的著述也未必详熟,但虽然力量微弱也要投身于禅的道路。作为沿着这条路探寻而来的众人中的一个,在这里尤其会想起以"俱胝竖指"有名的俱胝和尚,他在圆寂时留下的那句话:"吾得天龙一指头禅,一生用不尽。"

大拙先生虚岁十八九岁时,与国泰寺雪门法师相见。之后,从二十二岁开始,在圆觉寺今北洪川法师处参禅。今北法师示寂后,大拙先生在释宗演法师门下见性悟道,并由宗演法师授予"大拙"的居士号,此后一直都用这个居士号。

私以为，贯穿在大拙先生的生活、思想、业绩的深处的，就是这见性的体验吧。当然，先生学问的渊深自不待言，但先生跟世上普通学者的根本区别，可能就是这个见性体验。

大拙先生的著作被抱怨难懂，但一边被抱怨难懂，又一边获得了很多人——包括海外一些杰出人士——的敬慕，据说根本理由就在这里。

反过来说，没有见性悟道的体验，真正理解先生的著述实为不可能。同时，我认为，先生写作的根本动机，是邀请人们来体验见性的慈悲心。

这本随想集《禅百题》完全是一样的情况。它写得比较轻松，读起来也比较轻松。但这本随想集的骨干是前文所说的见性悟道的体验。因此，要阅读领会这本书的精髓绝非易事，这本书性质上可不是一本应该漫不经心、随意翻阅的书。这是一本通过仔细观察现代文化、精神状况而写成的"随感随录"，阅读它，读者能触摸到大拙先生的血肉，进而也许能触摸到其精髓。

三十四年前，满二十二岁时，我第一次在镰仓的圆觉寺接触到禅的宝贵。后来，我又读了几本解说禅的书。坐禅的实际经验和阅读解说禅的书，给当时彷徨在人生歧路的我带来了重要的启示。在那几本解说禅的书中，有一本是大拙先生的《禅的第一义》（大正三年刊行），那是令我难忘的一本书。后来，那本书历经了三十多年的漫长岁月，其间躲过了被战火燃烧的危险，如今仍在我身旁。这是我最旧的藏书之一，我跟它确实有着不可思议的缘分。

而我修禅道路上的恩师古川尧道法师，是释宗演法师的法嗣。他曾经跟青年时代的大拙先生一起打坐，明治三十年一月大拙先生赴美之际，还曾赠贺偈给先生。

才疏学浅未熟如我，居然得以解说这位世界性学术巨匠及禅者的著述，冒昧之下还能斗胆提起秃笔，是因为跟大拙先生积有这重重的缘。（昭和三十五年一月）

图书在版编目（CIP）数据

禅百题／（日）铃木大拙著；欧阳晓译 .— 杭州：浙江大学出版社，2018.7
　ISBN 978-7-308-17976-8

　Ⅰ.①禅… Ⅱ.①铃… ②欧… Ⅲ.①禅宗－文集
Ⅳ.① B946.5-53

中国版本图书馆 CIP 数据核字（2018）第 024124 号

禅百题
[日] 铃木大拙 著　欧阳晓 译

责任编辑	周红聪
责任校对	王　军
装帧设计	蔡立国
出版发行	浙江大学出版社
	（杭州天目山路148号　邮政编码310007）
	（网址：http://www.zjupress.com）
排　版	北京大观世纪文化传媒有限公司
印　刷	北京中科印刷有限公司
开　本	787mm×1092mm　1/32
印　张	10.5
字　数	154千
版 印 次	2018年7月第1版　2018年7月第1次印刷
书　号	ISBN 978-7-308-17976-8
定　价	52.00元

版权所有　翻印必究　印装差错　负责调换
浙江大学出版社发行中心联系方式：（0571）88925591；http://zjdxcbs.tmall.com